构 建
"双循环"
新格局

《构建"双循环"新格局》编写组 编

新华出版社

图书在版编目（CIP）数据

构建"双循环"新格局 /《构建"双循环"新格局》编写组编.
-- 北京：新华出版社，2020.11（2025.2重印）
ISBN 978-7-5166-5443-9

Ⅰ.①构…　Ⅱ.①构…　Ⅲ.①世界经济 – 经济格局 – 研究　Ⅳ.① F113

中国版本图书馆 CIP 数据核字（2020）第 204240 号

构建"双循环"新格局

编　　者：《构建"双循环"新格局》编写组

责任编辑：刘宏森　　　　　　　　封面设计：付志锋
责任校对：刘保利

出版发行：新华出版社
地　　址：北京石景山区京原路 8 号　　　邮　　编：100040
网　　址：http://www.xinhuanet.com/publish
经　　销：新华书店、新华出版社天猫旗舰店、京东旗舰店及各大网店
购书热线：010-63077122　　　中国新闻书店购书热线：010-63072012

照　　排：童色系文化传媒有限公司
印　　刷：大厂回族自治县众邦印务有限公司

成品尺寸：170mm×240mm
印　　张：16.25　　　　　　　　　字　　数：186 千字
版　　次：2020 年 11 月第一版　　　印　　次：2025 年 2 月第二次印刷

书　　号：ISBN 978-7-5166-5443-9
定　　价：58.00 元

目 录

第二篇 "大循环""双循环"的核心要义是什么？

第一篇

学懂弄通"大循环""双循环"

布局"双循环"新格局

着眼长远把握大势开门问策集思广益
研究新情况作出新规划

中共中央总书记、国家主席、中央军委主席习近平 2020 年 8 月 24 日下午在中南海主持召开经济社会领域专家座谈会并发表重要讲话。他强调，"十四五"时期是我国全面建成小康社会、实现第一个百年奋斗目标之后，乘势而上开启全面建设社会主义现代化国家新征程、向第二个百年奋斗目标进军的第一个五年，我国将进入新发展阶段。凡事预则立，不预则废。我们要着眼长远、把握大势，开门问策、集思广益，研究新情况、作出新规划。

座谈会上，北京大学国家发展研究院名誉院长林毅夫、中国经济体制改革研究会副会长樊纲、清华大学公共管理学院院长江小涓、中国社会科学院副院长蔡昉、国家发展改革委宏观经济研究院院长王昌林、清华大学国家金融研究院院长朱民、上海交通大学安泰经济与管理学院特聘教授陆铭、中国社会科学院世界经济与政治研究所所长张宇燕、香港中文大学（深圳）全球与当代中国高等研究院院长郑永年等 9 位专家代表先后发言，就"十四五"规划编制等提出意见和建议。

在认真听取大家发言后，习近平发表了重要讲话。他表示，专家学者们做了很好的发言，从各自专业领域出发，对"十四五"时期发展环境、思路、任务、举措提出了很有价值的意见和建议，参会的其他专家提交了书面发言，请有关方面研究吸收。

习近平指出，要以辩证思维看待新发展阶段的新机遇新挑战。当今世界正经历百年未有之大变局，新冠肺炎疫情全球大流行使这个大变局加速变化，国际经济、科技、文化、安全、政治等格局都在发生深刻调整。国内发展环境也经历着深刻变化，我国已进入高质量发展阶段，社会主要矛盾已经转化为人民日益增长的美好生活需要和不平衡不充分的发展之间的矛盾，人民对美好生活的要求不断提高。要统筹中华民族伟大复兴战略全局和世界百年未有之大变局，深刻认识我国社会主要矛盾发展变化带来的新特征新要求，深刻认识错综复杂的国际环境带来的新矛盾新挑战，增强机遇意识和风险意识，准确识变、科学应变、主动求变，勇于开顶风船，善于转危为机，努力实现更高质量、更有效率、更加公平、更可持续、更为安全的发展。

习近平强调，要以畅通国民经济循环为主构建新发展格局。推动形成以国内大循环为主体、国内国际双循环相互促进的新发展格局是根据我国发展阶段、环境、条件变化提出来的，是重塑我国国际合作和竞争新优势的战略抉择。我们要坚持供给侧结构性改革这个战略方向，扭住扩大内需这个战略基点，使生产、分配、流通、消费更多依托国内市场，提升供给体系对国内需求的适配性，形成需求牵引供给、供给创造需求的更高水平动态平衡。新发展格局决不是封闭的国内循环，而是开放的国内国际双循环。我国在世界经济中的地位将持续上升，同世界经济的联系会更加紧密，为其他国家提供的市场机会将更加广阔，成为吸引国际商品和要素资源的巨大引力场。

习近平指出，要以科技创新催生新发展动能。实现高质量发展，必须实现依靠创新驱动的内涵型增长，大力提升自主创新能力，尽快突破关键核心技术。要充分发挥我国社会主义制度能够集中力量办大事的显著优势，打好关键核心技术攻坚战，创造有利于新技术快速大规模应用和迭代升级的独特优势，加速科技成果向现实生产力转化，提升产业链水平。要发挥企业在技术创新中的主体作用，使企业成为创新要素集成、科技成果转化的生力军。要大力培养和引进国际一流人才和科研团队，加大科研单位改革力度，最大限度调动科研人员的积极性。要坚持开放创新，加强国际科技交流合作。

习近平强调，要以深化改革激发新发展活力。随着我国迈入新发展阶段，改革也面临新的任务，必须拿出更大的勇气、更多的举措破除深层次体制机制障碍，坚持和完善中国特色社会主义制度，推进国家治理体系和治理能力现代化。要守正创新、开拓创新，大胆探索自己未来发展之路。要坚持和完善社会主义基本经济制度，使市场在资源配置中起决定性作用，更好发挥政府作用，营造长期稳定可预期的制度环境。要加强产权和知识产权保护，建设高标准市场体系，完善公平竞争制度，激发市场主体发展活力，使一切有利于社会生产力发展的力量源泉充分涌流。

习近平指出，要以高水平对外开放打造国际合作和竞争新优势。国际经济联通和交往仍是世界经济发展的客观要求。我国经济持续快速发展的一个重要动力就是对外开放。对外开放是基本国策。要全面提高对外开放水平，建设更高水平开放型经济新体制，形成国际合作和竞争新优势。要积极参与全球经济治理体系改革，推动完善更加公平合理的国际经济治理体系。

习近平强调，要以共建共治共享拓展社会发展新局面。要实现更加充分、更高质量的就业，健全全覆盖、可持续的社保体系，强化公共卫生和疾控体系，促进人口长期均衡发展，加强社会治理，化解社会矛盾，维护社会稳定。要完善共建共治共享的社会治理制度，加强和创新基层社会治理，更加注重维护社会公平正义，促进人的全面发展和社会全面进步。

习近平指出，理论源于实践，又用来指导实践。改革开放以来，我们及时总结新的生动实践，不断推进理论创新，在发展理念、所有制、分配体制、政府职能、市场机制、宏观调控、产业结构、企业治理结构、民生保障、社会治理等重大问题上提出了许多重要论断。时代课题是理论创新的驱动力。新时代改革开放和社会主义现代化建设的丰富实践是理论和政策研究的"富矿"，我国经济社会领域理论工作者大有可为。要坚持马克思主义立场、观点、方法，坚持从国情出发，充分反映实际情况，透过现象看本质，树立国际视野，使理论和政策创新充分体现先进性和科学性。

（新华社北京 2020 年 8 月 24 日电）

阅读指引

习近平：《在经济社会领域专家座谈会上的讲话》新华社北京 8 月 24 日电

习近平：《在 2020 年中国国际服务贸易交易会全球服务贸易峰会上的致辞》新华社北京 9 月 4 日电

重磅！习近平为我国"新发展阶段"定向

2020 年 8 月 24 日，习近平总书记主持召开经济社会领域专家座谈会并发表重要讲话。这是继企业家座谈会、专家学者座谈会之后，习近平主持召开的又一个针对特定领域的重要座谈会。

在会上，习近平听取专家学者关于"十四五"规划编制的意见和建议，对如何正确认识和把握中长期经济社会发展重大问题作出重要论述，具有十分重要的指导意义。

聚焦 1 个重要判断："我国将进入新发展阶段"

"凡事预则立，不预则废。""十四五"时期是我国全面建成小康社会、实现第一个百年奋斗目标之后，乘势而上开启全面建设社会主义现代化国家新征程、向第二个百年奋斗目标进军的第一个五年，谋划好"十四五"时期发展蓝图的重要性不言而喻。

"我国将进入新发展阶段"，在座谈会上，习近平对即将到来的"十四五"时期作出重要判断，明确强调要着眼长远、把握大势，开门问策、集思广益，研究新情况、作出新规划。

何为"长远""大势"？习近平在会上作出深刻分析。

对于国内发展，关键词是"高质量"。习近平指出，我国已进入高质量发展阶段，社会主要矛盾已经转化为人民日益增长的美好生活需要和不平衡不充分的发展之间的矛盾，人民对美好生活的要求不断提高，我国发展不平衡不充分问题仍然突出。

对于国际形势，关键词是"动荡变革"。习近平分析道，当今世界正经历百年未有之大变局，新冠肺炎疫情全球大流行使这个大变局加速变化，世界进入动荡变革期。习近平明确强调，今后一个时期，我们将面对更多逆风逆水的外部环境，必须做好应对一系列新的风险挑战的准备。

面对如此形势，"开门问策、集思广益"是习近平提出的重要对策。倾听民声，采纳民意，顺应民心，凝聚起最大的共识和力量。正如习近平经常强调的，更好把人民的智慧和力量凝聚到党和人民事业中来。

不久前，习近平总书记专门对"十四五"规划编制工作作出重要指示强调，把加强顶层设计和坚持问计于民统一起来，鼓励广大人民群众和社会各界以各种方式为"十四五"规划建言献策，切实把社会期盼、群众智慧、专家意见、基层经验充分吸收到"十四五"规划编制中来。此外，习近平还深入吉林、安徽等地，就"十四五"时期经济社会发展考察调研，要求各地聚焦面临的老难题和新挑战，认真谋划"十四五"时期发展的目标、思路、举措。

"着眼长远、把握大势，开门问策、集思广益"，是认识和布局"新发展阶段"经济社会工作的遵循，是"从群众中来，到群众中去"这一工作方法的生动体现。

强调6方面工作："炼就金刚不坏之身"

听取"十四五"规划编制的意见和建议，谋划部署中长期经济社会发展，是习近平主持召开经济社会领域专家座谈会的核心内容，也是备受关注的焦点。

习近平着重讲了 6 个方面，重在一个"新"字：

——要以辩证思维看待新发展阶段的新机遇新挑战

——要以畅通国民经济循环为主构建新发展格局

——要以科技创新催生新发展动能

——要以深化改革激发新发展活力

——要以高水平对外开放打造国际合作和竞争新优势

——要以共建共治共享拓展社会发展新局面

进入新发展阶段，国内外环境的深刻变化既带来一系列新机遇，也带来一系列新挑战，是危与机并存、危中有机、危可转机。对此，习近平着重阐明了要用辩证思维去看待。他强调，要统筹中华民族伟大复兴战略全局和世界百年未有之大变局，深刻认识我国社会主要矛盾发展变化带来的新特征新要求，深刻认识错综复杂的国际环境带来的新矛盾新挑战，增强机遇意识和风险意识，准确识变、科学应变、主动求变，勇于开顶风船，善于转危为机，努力实现更高质量、更有效率、更加公平、更可持续、更为安全的发展。

"要推动形成以国内大循环为主体、国内国际双循环相互促进的新发展格局。"此次座谈会上，总书记全面深入阐释了这一顶层设计，称其为"重塑我国国际合作和竞争新优势的战略抉择"。新发展格局如何畅通？习近平指明方向：要坚持供给侧结构性改革这个战略方向，扭住扩大内需这个战略基点，使生产、分配、流通、消费更多依托国内市场，提升供给体系对国内需求的适配性，形成需求牵引供给、供给创造需求的更高水平动态平衡。他进一步强调，新发展格局决不是封闭的国内循环，而是开放的国内国际双循环。我国在世界经济中的地位将持续上升，同世界经济的联系会更加紧密，为其他国家提供的市场机会将更加广阔，成为吸引国际商品和要素资源的巨大引力场。

对于新发展所需的动能和活力，习近平指出了"科技创新"和"深化改革"两个重点，强调要充分发挥我国社会主义制度能够集中力量办大事的显著优势，打好关键核心技术攻坚战；拿出更大的勇气、更多的举措破除深层次体制机制障碍，坚持和完善中国特色社会主义制度，推进国家治理体系和治理能力现代化。

谈及高水平对外开放，习近平强调要全面提高对外开放水平，建设更高水平开放型经济新体制，形成国际合作和竞争新优势。要积极参与全球经济治理体系改革，推动完善更加公平合理的国际经济治理体系。"越开放越要重视安全，越要统筹好发展和安全，着力增强自身竞争能力、开放监管能力、风险防控能力，炼就金刚不坏之身。"

随着我国社会结构发生变化，人们的社会观念、社会心理、社会行为等也会随之改变。"十四五"时期，如何构建既充满活力又拥有良好秩序的现代化社会是一个值得研究部署的重要课题。对此，习近平强调，要完善共建共治共享的社会治理制度，加强和创新基层社会治理，更加注重维护社会公平正义，促进人的全面发展和社会全面进步。

"看待新机遇新挑战""构建新发展格局""催生新发展动能""激发新发展活力""打造国际合作和竞争新优势""拓展社会发展新局面"，一个"新"字，为统筹我国中长期经济社会发展指明了方向。

提出 4 点希望："理论工作者大有可为"

在波涛汹涌的世界经济大潮中，能不能驾驭好我国经济这艘大船，是对我们党的重大考验。

在座谈会上，习近平强调，面对错综复杂的国内外经济形势，面对形形色色的经济现象，学习领会马克思主义政治经济学基本原理和方法论，有利于我们掌握科学的经济分析方法，认识经济运动过程，把握经济发展规律，提高驾驭社会主义市场经济能力，准确回答我国经济发展的理论和实践问题。

回顾过去，我们用几十年的时间走完了发达国家几百年走过的发展历程，我国经济发展进程波澜壮阔、成就举世瞩目，其中蕴藏着理论创造的巨大动力、活力、潜力。随着改革开放不断深入，我们党在发展理念、所有制、分配体制、政府职能、市场机制、宏观调控、产业结构、企业治理结构、民生保障、社会治理等重大问题上提出了许多重要论断。这些重要理论成果，不仅有力指导了我国经济发展实践，而且开拓了马克思主义政治经济学新境界。

面向未来，世界经济和我国经济都面临许多新的重大课题，需要作出科学的理论回答。习近平在此次座谈会上指出，新时代改革开放和社会主义现代化建设的丰富实践是理论和政策研究的"富矿"，我国经济社会领域理论工作者大有可为。

对此，习近平进一步提出 4 点希望。

一是从国情出发，从中国实践中来、到中国实践中去，把论文写在祖国大地上，使理论和政策创新符合中国实际、具有中国特色，不断发展中国特色社会主义政治经济学、社会学。

二是深入调研，察实情、出实招，充分反映实际情况，使理论和政策创新有根有据、合情合理。

三是把握规律，坚持马克思主义立场、观点、方法，透过现象看本质，从短期波动中探究长期趋势，使理论和政策创新充分体现先进性和科学性。

四是树立国际视野，从中国和世界的联系互动中探讨人类面临的共同课题，为构建人类命运共同体贡献中国智慧、中国方案。

从理论学习中汲取经验，从政策研究里探索方向。无疑，这是习近平领航中国之"治"的关键所在，也是他为我国"新发展阶段"探明的智慧之源。

（新华社《学习进行时》原创品牌栏目"讲习所"

2020 年 8 月 24 日　新华网　金佳绪）

专家热议

中国国际经济交流中心副理事长魏建国说，经济活动从来不是孤立存在，而是一个动态、周而复始的循环过程。自改革开放以来，中国早已深度融入经济全球化中，即便是当前疫情严重阻碍了全球经贸活动，中国要扩大内需仍离不开国际产业链供应链的协同和畅通。

"以国内大循环为主体，以扩大内需为战略基点，不是要闭关锁国、主动脱钩，而是要进一步扩大高水平对外开放，特别是要从商品和要素流动型开放走向制度型开放，打开国门搞建设。"中银证券全球首席经济学家管涛说。

数据说话

　　随着外部环境和我国发展所具有的要素禀赋的变化，市场和资源两头在外的国际大循环动能明显减弱，而我国内需潜力不断释放，国内大循环活力日益强劲，客观上呈现出不以人的意志为转移的此消彼长态势。自 2008 年国际金融危机以来，我国经济已经在向以国内大循环为主体转变，经常项目顺差同国内生产总值的比率由 2007 年的 9.9% 降至现在的不到 1%，国内需求对经济增长的贡献率有 7 个年份超过 100%。未来一个时期，国内市场主导国民经济循环特征会更加明显，经济增长的内需潜力会不断释放。

看习近平这几次重要讲话，
弄懂"大循环""双循环"

推动形成以国内大循环为主体、国内国际双循环相互促进的新发展格局，是 2020 年以来习近平总书记反复强调的问题，国际社会和国内各方面都给予很高的关注。

"大循环""双循环"有何内涵？党中央作出这样的战略抉择有何深意？近期的一系列重要讲话中，习近平总书记从不同角度作出了深刻阐释。

这是根据我国发展阶段、环境、条件变化作出的战略决策。

5 月 23 日，习近平看望参加全国政协十三届三次会议经济界委员并参加联组会。他深刻分析国内国际形势，指出面向未来，我们要把满足国内需求作为发展的出发点和落脚点，逐步形成以国内大循环为主体、国内国际双循环相互促进的新发展格局。

7 月 21 日，在企业家座谈会上，习近平进一步阐释了提出构建这一新发展格局的主要考虑，并强调了"大循环"与"双循环"的内在逻辑关系。

8 月 20 日在安徽主持召开扎实推进长三角一体化发展座谈会、21 日听取安徽省委和省政府工作汇报时，他又对加快形成新发展格局提出极具针对性的具体要求。

8 月 24 日，在经济社会领域专家座谈会上，习近平从谋划

"十四五"时期经济社会发展的高度对构建新发展格局和相关的一系列重大问题进行了系统阐述。

9月1日，习近平主持召开中央全面深化改革委员会第十五次会议，又从改革的角度提出要求，强调为构建新发展格局提供强大动力。

此外，在习近平近期主持的中央政治局常委会会议、中央政治局会议、党外人士座谈会等重要会议上，新发展格局也是极为重要的内容。

这一系列重要讲话，习近平深刻分析了构建新发展格局的背景、优势、短板、重点等，从创新、开放、改革等方面提出要求，还着重强调了一些需要特别注意和把握的问题，具有很强的思想性、战略性和指导性。

推动形成以国内大循环为主体、国内国际双循环相互促进的新发展格局是以习近平同志为核心的党中央根据我国发展阶段、环境、条件变化作出的战略决策，是事关全局的系统性深层次变革。我们要弄明白"大循环""双循环"，习近平这几次重要讲话一定要深入理解、融会贯通。

必须集中力量办好自己的事

经济社会是一个动态循环系统，各个环节环环相扣。整个循环系统畅通，经济发展就有利。反之，哪个环节阻滞，上下游都受影响。

一段时间以来，特别是新冠肺炎疫情发生后，世界百年未有之大变局加速变化，我国发展逆风逆水的外部环境日益增多，不稳定性不确定性较大。习近平在政协联组会上列举了一系列不利局面，如世界经济深度衰退、国际贸易和投资大幅萎缩、国际金融市场动荡、国际交往受限、经济全球化遭遇逆流、一些国家保护主义和单边主义盛行、地缘政治风险上升等。

另一方面，我国已进入高质量发展阶段，多方面优势和条件更加凸显，国内需求潜力巨大。习近平分析指出，我国经济潜力足、韧性强、回旋空间大、政策工具多的基本特点没有变。我国具有全球最完整、规模最大的工业体系、强大的生产能力、完善的配套能力，拥有 1 亿多市场主体和 1.7 亿多受过高等教育或

以前开一家便利店，需要办食品经营许可证、酒类商品零售许可证等 5 张证，现在只要 1 张综合许可证——上海浦东新区启动"一业一证"改革，如今已在便利店、健身场馆、宾馆、药店、饭店等 43 个行业探索推行。

2020 年 8 月 4 日，一家主营便利店业务的商贸公司工作人员展示新申领的行业综合许可证。（新华社记者 方喆 摄）

拥有各类专业技能的人才，还有包括 4 亿多中等收入群体在内的 14 亿人口所形成的超大规模内需市场，正处于新型工业化、信息化、城镇化、农业现代化快速发展阶段，投资需求潜力巨大。

国际大循环动能明显减弱，国内大循环活力日益强劲，这种此消彼长的态势是我们作出决策的重要依据。我们必须充分发挥国内超大规模市场优势，通过繁荣国内经济、畅通国内大循环为我国经济发展增添动力，带动世界经济复苏。习近平在经济社会领域专家座谈会上强调，推动形成以国内大循环为主体、国内国际双循环相互促进的新发展格局是根据我国发展阶段、环境、条件变化提出来的，是重塑我国国际合作和竞争新优势的战略抉择。

在世界动荡变革期，我们必须集中力量办好自己的事，唯有以辩证思维看待新发展阶段的新机遇新挑战，努力在危机中育新机、于变局中开新局，如习近平所要求的那样，准确识变、科学应变、主动求变，勇于开顶风船，善于转危为机，才能推动我国经济乘风破浪、行稳致远。

坚持供给侧结构性改革这个战略方向

形成以国内大循环为主体，意味着要把满足国内需求作为发展的出发点和落脚点，生产、分配、流通、消费更多依托国内市场。这个循环要畅通起来，就必须构建完整的内需体系，特别是供给体系和国内需求要更加适配。

这些要求与深化供给侧结构性改革、贯彻新发展理念一脉相承。事实上，也正是因为近年来我们不断深化供给侧结构性改革、坚定不移贯彻新发展理念，才培育了立足国内市场的有利条件。

习近平在经济社会领域专家座谈会上强调，自 2008 年国际金融危机以来，我国经济已经在向以国内大循环为主体转变，经常项目顺差同国内生产总值的比率由 2007 年的 9.9% 降至现在的不到 1%，国内需求对经济增长的贡献率有 7 个年份超过 100%。

面向未来，习近平强调，要坚持供给侧结构性改革这个战略方向。改革是解放和发展社会生产力的关键，是推动国家发展的根本动力。在经济社会领域专家座谈会、中央深改委第十五次会上，习近平都从改革角度提出要求，而且是力度更大、层次更深、范围更广的改革。

同时，习近平着重讲了创新的问题。他指出，实现高质量发展，必须实现依靠创新驱动的内涵型增长。

对我国这么大体量的经济体来讲，如果动力问题解决不好，畅通大循环是难以做到的。增强发展动力核心在创新，抓住了创新，就抓住了牵动经济社会发展全局的"牛鼻子"。

每次谈到构建新发展格局，习近平几乎都要提到创新。

在政协联组会上，他强调，要大力推进科技创新及其他各方面创新，加快推进数字经济、智能制造、生命健康、新材料等战略性新兴产业，形成更多新的增长点、增长极。

在企业家座谈会上，他强调，要提升产业链供应链现代化水平，大力推动科技创新，加快关键核心技术攻关，打造未来发展新优势。

在经济社会领域专家座谈会上，他强调，要依托我国超大规模市场和完备产业体系，创造有利于新技术快速大规模应用和迭代升级的独特优势，加速科技成果向现实生产力转化，提升产业链水平，维护产业链安全。

我们更要大力提升自主创新能力，尽快突破关键核心技术。习近平指出，这是关系我国发展全局的重大问题，也是形成以国内大循环为主体的关键。

更好利用国际国内两个市场、两种资源

新发展格局强调"以国内大循环为主体"，但"国内国际双循环相互促进"也至关重要。

在不同场合，习近平反复强调，厘清这个重要概念，以国内大循环为主体，绝不是关起门来封闭运行。

习近平多次强调，中国开放的大门不会关闭，只会越开越大。推动形成以国内大循环为主体、国内国际双循环相互促进的新发展格局，目的是通过发挥内需潜力，使国内市场和国际市场更好联通，更好利用国际国内两个市场、两种资源，实现更加强劲可持续的发展。

从世界大势看，经济全球化仍是历史潮流，各国分工合作、互利共赢是长期趋势。国际经济联通和交往仍是世界经济发展的客观要求。中国致力于推动建设开放型世界经济，推动构建人类命运共同体。要坚持深化改革、扩大开放，加强科技领域开放合作，习近平一再强调，"我们要站在历史正确的一边"。

从我国发展看，我国经济持续快速发展的一个重要动力就是对外开放。对外开放是基本国策。习近平在经济社会领域专家座谈会上谈了六方面重要问题，其中之一就是"以高水平对外开放打造国际合作和竞争新优势"。他强调，我们要全面提高对外开放水平，建设更高水平开放型经济新体制，形成国际合作和竞争

新优势。要积极参与全球经济治理体系改革，推动完善更加公平合理的国际经济治理体系。

习近平还指出，在推进对外开放中要注意两点：一是凡是愿意同我们合作的国家、地区和企业，包括美国的州、地方和企

在开放前沿海南自贸港，德国比勒费尔德应用科技大学近日与海南省政府签署合作协议，将在海南自贸港洋浦经济开发区独立办学，计划 2021 年首期招生。这是德国公办高校在国外的首个独立办学项目，也是中国境内首个境外高校独立办学项目，开创我国教育领域对外开放的又一新纪录。

——"这是海南自贸港非常独特的制度创新，也是对老百姓的一大政策红利。"中银国际研究公司董事长曹远征说，海南自贸港在医疗和教育领域实行高标准开放，引进国外优势资源办医、办学，不仅有利于吸引国内居民到海南学习、就医，也有利于吸引周边国家的人来海南就医、就学，增加服务贸易的收入。

2020 年 4 月 8 日，海南洋浦经济开发区。（ 新华社记者 蒲晓旭 摄）

业，我们都要积极开展合作，形成全方位、多层次、多元化的开放合作格局。二是越开放越要重视安全，越要统筹好发展和安全，着力增强自身竞争能力、开放监管能力、风险防控能力，炼就金刚不坏之身。

中国领导人日前主持召开经济社会领域专家座谈会时强调，以辩证思维看待新发展阶段的新机遇新挑战，以畅通国民经济循环为主构建新发展格局。海外专家认为，中国推动构建新发展格局，不仅有利于促进本国经济高质量发展，也将为其他国家提供广阔机遇，为世界经济稳定发展注入信心和动力。

（新华社《学习进行时》原创品牌栏目"讲习所"

2020 年 9 月 5 日　新华网记者　王子晖）

海外声音

英国萨里大学商学院教授熊榆："在复杂的国际环境下，中国准确稳妥把握当前局面，对未来经济发展的布局清晰，有力提振了各界对中国经济发展前景的信心。"

阿根廷中国问题专家卢卡斯·瓜尔达认为，中国经济转型和扩大国内市场的时机已经成熟，预计中国政府将采取更多措施提高民众生活质量。

巴西中国问题研究中心主任罗尼·林斯："这无疑是正确的方向。要做到这一点，就必须鼓励人才和科研团队，让他们拥有开展研究所需的全部资源。"

阅读指引

《习近平看望参加政协会议的经济界委员》新华社北京5月23日电

习近平:《在企业家座谈会上的讲话》新华社北京7月21日电

《习近平主持召开扎实推进长三角一体化发展座谈会并发表重要讲话》新华社合肥8月22日电

《习近平主持召开中央全面深化改革委员会第十五次会议》新华社北京9月1日电

三方面构建 "双循环" 新格局

中央政治局会议提出，加快形成以国内大循环为主体、国内国际双循环相互促进的新发展格局。围绕如何理解 "双循环" 新发展格局？构建新发展格局的战略重点在哪里等问题，中国财富管理 50 人论坛举办的 "当前形势下构建'双循环体系'的可行性与对策" 专题研讨会，展开有针对性的讨论。

答疑解惑

"加快" 一词，意味着转型并非临时起意、无奈之举，而是主动作为、长期谋划的选择。事实上，自 1998 年应对亚洲金融危机开始，中国就将经济发展的立足点转向扩大内需，20 多年来一直朝着这个方向转型。近几年，中国已经形成了内需拉动型经济，顺差相对 GDP 之比已降到国际公认的 3% 以内的均衡水平，内需对经济增长的贡献率已有数年超过 100%。

如何正确理解 "双循环"？

2008 年金融危机爆发后，世界经济复苏一直步履蹒跚，加之今年疫情引发的 "蝴蝶效应"，全球经济大幅缩水，我国外部环境也在发生巨大变化。可以预见的是，世界经济总量在未来四五年，能够恢复到疫情之前的水平，已属乐观估计。中国宏观经济研究院副院长毕吉耀指出，在这种情况下，依赖外需显然是不现实的，构建以国内经济大循环为主体的双循环相互促进的发展格局已迫在眉睫。

近年来，全球化出现逆潮，单边主义、贸易保护主义不断强化，国际经贸摩擦不断升级。我国面临的外循环压力，不仅来自于出口，还来自于关键产品技术的进口。毕吉耀认为，要使得中国经济产业进一步升级，不落后于他人，不能如过去一样依赖外界，要更多地立足于自主创新。

从国内来看，中国仍处于"百年未有之大变局"中。经过十几年的转方式、调结构，中国的经济结构发生了重大变化，已进入高质量发展阶段，国务院发展研究中心产业经济研究部部长赵昌文表示，在此背景下，我们应将国内超大规模的市场优势发挥出来，进一步畅通国内大循环、繁荣国内经济，带动世界共同发展。换言之，就是要集中力量办好自己的事，以自身的确定性和稳定性来应对世界的不确定性与不稳定性，在"变"与"不变"中寻求新的平衡。

对于如何正确理解"双循环"，赵昌文认为，国内大循环不是简单的内循环，在每个环节中都可能有国际循环的参与。内循环和外循环指的是没有交集、相互隔离的体系，而国内国际双循环模式，是有内在统一逻辑关系的，不能将国内大循环等同于内循环，更不能理解成"内卷化"。

国家信息中心首席经济师祝宝良认为，新发展格局不仅要解决中国经济领域存在的三个问题，即实体部门内部供给与需求之间不畅通、实体部门与金融之间不畅通、金融领域内部房地产与其他部分之间不畅通，还要解决国际国内循环受阻的问题。

国务院发展研究中心副主任隆国强认为，更好地将"双循环"理论有效地应用于战略和实践，需要做好三方面统筹：一是供给侧与需求侧的统筹，要通过需求结构升级来带动供给结构升级，从而引领创新，促进产业结构升级和产业国际竞争力提升；二是物质财富生产与服务消费的统筹，要增强制造业创新能力，促进农业规模化、现代化纵深发展，也要提高服务业质量，优化服务结构，提高服务业对外开放程度；三是国内与国际的统筹，要在国际分工中积极寻找高附加值环节，也要重视安全可控，把握核心部件技术，发展多元化来源，在全球分工中获得更好效益。

可从三方面布局构建"双循环"格局

首先，确保粮食和能源安全，实现"开放 + 自立"。

第一，建立相对独立、完整的产业结构，确保粮食和能源安全，把中国建成一个制造业强国。粮食事关国计民生，粮食

2020 年 10 月 18 日，收割机在河北省滦州市古城街道蒋庄村的稻田里收获水稻。（新华社记者 牟宇 摄）

安全是国家安全的重要基础。党的十八大以来，党中央把粮食安全作为治国理政的头等大事，提出了"确保谷物基本自给、口粮绝对安全"的新粮食安全观，确立了以我为主、立足国内、确保产能、适度进口、科技支撑的国家粮食安全战略，始终坚持走中国特色粮食安全之路。对此，中国社会科学院学部委员余永定认为，粮食和能源安全对中华民族生命攸关，其重要性远远超过如何发挥比较利益的考虑，必须首先保障我们的粮食和能源安全。

第二，加大科技创新力度，提高和加强自主创新能力。赵昌文表示，目前中国的状态是"开放＋依赖"，未来的目标应是"开放＋自立"，既坚持一个开放的经济体系，又能实现关键核心技术的自立。

2020 年 9 月 23 日，在位于长春的一汽红旗总装车间，工人在检查车辆。（新华社记者 张楠 摄）

其次，吸引消费和人才回流，多措并举扩大内需。

第一，降低 GDP 增长对外依存度，扩大内需。2019 年中国的对外依存度达到 17.4%，居世界首位。与会专家一致表示，应该扩大内需。扩大内需有助于加快构建全国统一大市场，形成一个国内有效投资和有效消费相互促进的循环。毕吉耀表示，扩大内需需要相关政策进行支持。

第二，促进消费增长及消费回流。北京大学国家发展研究院教授黄益平认为，支持消费增长应从几方面入手：一是改善社会保障体系，尽量降低储蓄率。过去尤其是在疫情期间，老百姓对经济预期的不乐观和社会保障体系的不完善导致了储蓄率的提高，这是长期的问题；二是维持可持续的收入增长。消费需求需要由收入来支撑，这就需要通过市场化改革使得要素的回报和市

2020 年 8 月 18 日，一些即将离岛的游客走出海口市日月广场免税店。（新华社记者 郭程 摄）

场价值相匹配；三是加快市场化进程。如果将来能推进城市化，那么在未来 30 年，城市化对消费的促进作用将远超老龄化对消费的遏制作用；四是推进要素市场改革。

摩根士丹利中国首席经济学家邢自强认为，境外消费的回流，在未来几年将成为全球消费市场的重要趋势之一。疫情期间，国内老百姓不敢外出，但在疫情防控的"定心丸"之下，他们仍然愿意在国内消费。如果国内高品质消费的瓶颈能够突破，顺势推出如海南自贸港一类的免税举措，消费回流就会随之顺势发生。7 月份，海南的免税店基本上每天都是长龙不断，其销售额同比增长高达 240%。可以说，中国国内免税旅游店的蓬勃发展，为消费回流、消费增长提供了很大支持。

第三，以国内大循环为主体，以扩大内需为战略基点，不是要闭关锁国，而是要进一步扩大高水平对外开放。以国内大循环为主体，绝不是关起门来封闭运行，而是通过挖掘内需潜力，使国内市场和国际市场更好联通，更好利用国际国内两个市场、两种资源，实现更加强劲可持续的发展。从长远看，经济全球化仍是历史潮流，各国分工合作、互利共赢是长期趋势。

中银证券全球首席经济学家管涛表示，要打开国门搞建设，下一步高水平的开放应体现为从商品和要素流动型开放走向制度型开放，要继续推进贸易投资便利化、自由化，优化营商环境，"引进来"和"走出去"相结合，"稳出口"和"扩进口"相结合，要打造中国"世界工厂＋世界市场"的国际分工合作新定位。

第四，新基建是实施"双循环"战略的主要抓手之一。恒大首席经济学家任泽平表示，新基建在短期内有助于扩大内需，稳增长、稳就业的效果非常明显。此外，因为它将会从长期增加有效供给,培育中国经济新增长点,培育新经济、新技术和新产业,所以相对于纯消费而言,新基建在长期更有利于增加有效供给,提升产业链。

加快"新基建"、着力补短板、调动民间投资积极性……善于从眼前的危机、眼前的困难中捕捉和创造机遇,坚定实施扩大内需战略,发挥投资的关键作用,为经济高质量发展培育新的发展动能。(新华社发 徐骏 作)

第五,在金融支持方面,国务院发展研究中心金融研究所副所长陈道富认为,目前工作重点应放在如何降低融资成本,使得资金更好地直达实体经济。从更有效促进国内循环效率角度,同样重要的是在促进金融和实体经济的结合问题上,如何让金融和实体经济产生内嵌式和自我成长式的良性循环。特别是,如何把金融嵌入到经济产业的自我成长和经济运行的各个环节。这个过程可以充分运用新兴的金融科技手段。

最后,主动扩大开放,加强地区间合作。

第一,实行中性的贸易和投资政策。余永定认为,政府部门应尽快取消现行政策中的不合理部分,实现汇率的清洁浮动,对外资实施国民待遇。

第二,改革教育科研及相关政策体系,培养并吸引更多人才。对于有限资源的使用，我们也需要进行调整，如大学应该鼓励创新，努力培养大量科学家、工程师和技术人员。还应该加强职业教育。花旗银行中国首席经济学家刘利刚指出，目前，美国对有中国背景的研究人员和科学家进行严格审查，导致这些人很可能无法继续在美获得良好的研究环境，我们应该出台优惠的政策将这些人才吸引回来，为中国发展做贡献。

第三，在战略布局中，应当考虑加强与东盟国家在产业链和消费市场之间的合作。澳新银行大中华区首席经济学家杨宇霆指出，IMF 最近预测，2020 年全球 GDP 增长将下降 4.9%，而东盟国家仅下降 2.0%，明年东盟国家的 GDP 增长目标是 6.2%，这是一个较高的数字，因此加强中国和东盟国家的战略合作非常重要。

2018 年 9 月 15 日，广西南宁国际会展中心。（新华社记者 周华 摄）

（《经济参考报》2020 年 9 月 15 日　记者　金辉）

当前背景

　　从国际看，当今世界正经历百年未有之大变局，国际格局发生深刻调整，世界进入动荡变革期；从国内看，我国已进入高质量发展阶段，社会主要矛盾发生历史性变化，发展具有多方面优势和条件，同时发展不平衡不充分问题仍然突出。我们要以辩证思维看待新发展阶段的新机遇新挑战，科学把握危机并存、危中有机、危可转机的辩证关系，增强机遇意识和风险意识，准确识变、科学应变、主动求变，勇于开顶风船，善于转危为机，努力实现更高质量、更有效率、更加公平、更可持续、更为安全的发展。

加快构建新发展格局，
习近平心中有盘"棋"

十九届五中全会作出"加快构建以国内大循环为主体、国内国际双循环相互促进的新发展格局"的重大部署，这也是习近平总书记今年以来多次强调的重要问题，对于"十四五"时期我国经济发展具有极为重要的指导意义。

构建新发展格局，"十四五"发展的战略抉择

新发展格局在十九届五中全会公报中多次被提及，可谓"纲举目张"。

强调"十四五"时期经济社会发展指导思想和必须遵循的原则时，"加快构建以国内大循环为主体、国内国际双循环相互促进的新发展格局"是重要一条。

阐述"十四五"时期经济社会发展和改革开放的重点部署时，"形成强大国内市场，构建新发展格局"是重要的一个方面。

公报还提出，要"不断提高贯彻新发展理念、构建新发展格局能力和水平，为实现高质量发展提供根本保证"。

对于构建新发展格局重要的任务和需要把握的问题，公报也作出具体的阐释，强调坚持扩大内需这个战略基点，加快培育完整内需体系，把实施扩大内需战略同深化供给侧结构性改革有机结合起来，以创新驱动、高质量供给引领和创造新需求。要

畅通国内大循环，促进国内国际双循环，全面促进消费，拓展投资空间。

可见，构建新发展格局是习近平总书记和党中央积极应对国际国内形势变化、与时俱进提升我国经济发展水平、塑造国际经济合作和竞争新优势而作出的战略抉择，是主动作为，是长期战略。

构建新发展格局，习近平深谋远虑

5 月 23 日，习近平看望参加全国政协十三届三次会议经济界委员并参加联组会时，提出要把满足国内需求作为发展的出发点和落脚点，逐步形成以国内大循环为主体、国内国际双循环相互促进的新发展格局。

5 个多月来，在企业家座谈会、中央全面深化改革委员会第十五次会议、深圳经济特区建立 40 周年庆祝大会等重要会议和地方考察调研中，习近平又频频强调这个问题。

习近平为何反复强调新发展格局？一方面，当今世界正在经历百年未有之大变局，我国发展逆风逆水的外部环境日益增多，不稳定性不确定性较大；另一方面，我国已进入高质量发展阶段，多方面优势和条件更加凸显，国内需求潜力巨大。国际大循环动能明显减弱，国内大循环活力日益强劲，这种此消彼长的态势是我们作出决策的重要依据。

在企业家座谈会上，习近平强调，当今世界正经历百年未有之大变局，新一轮科技革命和产业变革蓬勃兴起。以前，在经济全球化深入发展的外部环境下，市场和资源"两头在外"对我国快速发展发挥了重要作用。在当前保护主义上升、世界经济低迷、全球市场萎缩的外部环境下，我们必须充分发挥国内超大规模市场优势，通过繁荣国内经济、畅通国内大循环为我国经济发展增添动力，带动世界经济复苏。

五中公报指出，全会深入分析了我国发展环境面临的深刻复杂变化，认为当前和今后一个时期，我国发展仍然处于重要战略机遇期，但机遇和挑战都有新的发展变化。

在世界动荡变革期，我们必须立足社会主义初级阶段基本国情，保持战略定力，办好自己的事，认识和把握发展规律，发扬斗争精神，树立底线思维，准确识变、科学应变、主动求变，善于在危机中育先机、于变局中开新局，抓住机遇，应对挑战，趋利避害，奋勇前进。唯有以辩证思维看待新发展阶段的新机遇新挑战，勇于开顶风船，善于转危为机，才能推动我国经济乘风破浪、行稳致远。

构建新发展格局，习近平这样部署

形成以国内大循环为主体，意味着要把满足国内需求作为发展的出发点和落脚点，生产、分配、流通、消费更多依托国内市场。这个循环要畅通起来，就必须构建完整的内需体系，特别是供给体系和国内需求要更加适配。

习近平强调，要扭住扩大内需这个战略基点，使生产、分配、流通、消费更多依托国内市场，形成需求牵引供给、供给创造需求的更高水平动态平衡。

五中全会提出，坚持扩大内需这个战略基点，加快培育完整内需体系，把实施扩大内需战略同深化供给侧结构性改革有机结合起来，以创新驱动、高质量供给引领和创造新需求。这些要求与习近平所强调的要点一脉相承。

同时，对我国这么大体量的经济体来讲，如果动力问题解决不好，畅通大循环是难以做到的。增强发展动力核心在创新，抓住了创新，就抓住了牵动经济社会发展全局的"牛鼻子"。

实现高质量发展，必须实现依靠创新驱动的内涵型增长。每次谈到构建新发展格局，习近平几乎都要提到创新，特别是大力提升自主创新能力，尽快突破关键核心技术。习近平指出，这是关系我国发展全局的重大问题，也是形成以国内大循环为主体的关键。

这次全会为"十四五"提出的首个目标任务就是"坚持创新在我国现代化建设全局中的核心地位"，把科技自立自强作为国家发展的战略支撑，深入实施科教兴国战略、人才强国战略、创新驱动发展战略。

以国内大循环为主体，绝不是关起门来封闭运行。习近平多次强调，中国开放的大门不会关闭，只会越开越大。推动形成以国内大循环为主体、国内国际双循环相互促进的新发展格局，目的是通过发挥内需潜力，使国内市场和国际市场更好联通，更好利用国际国内两个市场、两种资源，实现更加强劲可持续的发展。

因此，这次全会提出，"十四五"期间要"实行高水平对外开放，开拓合作共赢新局面"，坚持实施更大范围、更宽领域、更深层次对外开放，依托我国大市场优势，促进国际合作，实现互利共赢。

中国致力于推动建设开放型世界经济，推动构建人类命运共同体。正如习近平一再强调的，"我们要站在历史正确的一边"。

加快构建新发展格局，就是站在历史正确一边做出的正确的战略安排。

（新华社《学习进行时》原创品牌栏目"讲习所"

2020 年 10 月 2 日　新华网记者　雷东瑞）

阅读指引

《中国共产党第十九届中央委员会第五次全体会议公报》新华社北京 10 月 29 日电

积极探索：如何形成国内大循环

围绕终端需求加快形成国内大循环

陈　涛

当前，我国面临的经济形势依然复杂严峻，外部需求的不确定性仍然较大。应对外部挑战，推动经济高质量发展，必须紧紧围绕国内社会终端需求，从供求两端精准发力，破除各种障碍，加快形成国内大循环。

目前，我国拥有全球超大的市场规模。一方面，拥有全球最完整和规模最大的工业生产体系和市场竞争体系，1亿多户市场主体，1.7亿多受过高等教育或拥有各类专业技能的人才，以及竞争有序的要素市场，既可以灵活参与全球供应，也能面向国内提供高质量的商品与服务；另一方面，拥有全球最有潜力的消费市场，包括4亿多中等收入群体在内的14亿人口孕育了巨大的需求空间，以及40多年改革开放形成的居民财富积累，既可以吸纳全球竞争力产品，也能为国内工业生产提供强大的需求动力。

突如其来的新冠肺炎疫情，令世界经济遭受沉重打击。据国际货币基金组织最新预测，今年全球经济将萎缩4.9%。疫情之下，全球产业链和供应链运转不畅，保护主义和逆全球化思潮不断升温，外部需求不稳定性和不确定性明显提升，更加凸显"加快形成以国内大循环为主体、国内国际双循环相互促进的新发展格局"的战略意义。国内大循环起于生产、终于消费，社会终端消费是最终动力。我们必须紧紧围绕社会终端需求，以扩大内需为支点，有效发挥超大规模市场的巨大优势，着力打通国内生产、分配、流通和消费各个环节。

其一，要积极提升供给质量。深化技术和体制创新，破除涉及国内大循环的技术"卡脖子"和体制"肠梗阻"，显著提升供给质量；加快"新基建"、新型城镇化和重大工程建设的投资，加强前沿科技全产业链和供应链布局，发挥区域协同，避免恶性竞争和过度投资；引导企业立足国内国际两个市场，在积极拓展国际市场的同时，有序推动出口商品进入内销市场。

其二，要持续释放消费动能。进一步推进各级地方政府简政放权，完善市场监管机制，不断优化营商环境；深入贯彻落实"六稳""六保"工作任务，千方百计稳住市场主体基本盘，想方设法让政策优惠直达市场主体，加快完善社会保障体系；下大力气支持社会就业，鼓励灵活就业，稳定基本民生；坚决落实"房住不炒"定位，鼓励社会创新创业，持续激发市场主体活力；积极出台一系列针对居民的消费激励方案，精准发挥消费政策刺激作用，打造"夜经济"，在做好常态化疫情防控下推进服务业转型发展。

其三，要坚决移除国内大循环的障碍。充分发挥市场配置资源的决定性作用，让资本、土地、劳动力、技术等要素更加自由通畅地流动，让市场竞争更加充分有序。当前，面对前所未有

从 6 月初开始，随着上海首届夜生活节启动，上海市的多处地标性夜生活集聚区从主题、氛围、业态、艺术文化、社群活动和社交互动等层面进行了升级，助推上海"夜经济"绽放新活力。图为 2020 年 6 月 7 日，游客在上海市静安寺附近的安义夜巷享受夜晚休闲时光。（新华社记者 陈飞 摄）

的地方经济增长压力，必须引导地方主政官员牢牢树立科学政绩观，更多依靠改革创新来推动地方经济社会发展，对于限制金融等要素自由流通、恶性招商竞争、大搞地方保护主义等乱象要严肃追责问责。

总之，加快形成国内大循环，有利于国内企业牢牢立足国内国际两个市场，增强经营弹性，积极参与全球竞争，推动中国经济与世界经济深度融合，实现国内国际双循环相互促进。

（《经济参考报》2020 年 8 月 11 日）

知识链接

　　"夜经济"是经济繁荣发展、休闲时间增加的历史产物，根本动力是科学技术进步、劳动效率提高、生产力发展。当生产线取代手工作坊，收割机取代了镰刀，人们就有更多闲暇时间。20世纪70年代，很多西方发达国家人均收入上升后，国民幸福感不升反降，被称为"收入－幸福悖论"。经济学家计量分析休闲时间与产业效率相关性之后，各国开始大力推动休假制度改革，保护劳动者休息权利，倒逼劳动效率提升。新中国成立后特别是改革开放以来，由于社会生产力发展，人民群众闲暇时间持续增加。

　　2019年，我国法定节假日115天，占全年时间的31%，一年之中，三分之一时间，我们可以享受夜生活、体验夜文化、拉动"夜经济"。这是与传统农业文明、工业文明不同的工作生活表，既扩大了假日经济的广度，也推动了假日生活的深度。向时间深度要潜力，鼓励夜生活、拓展夜文化、发展"夜经济"，是合乎社会经济发展规律的。

立足国内大循环推动新型全球化

郑东华

疫情突如其来，但国际经济、政治形势的变化不是偶然的，我国遇到的很多问题是中长期的。只有坚持底线思维，做好较长时间应对外部环境变化的思想准备和工作准备，集中力量做好自己的事，畅通国内大循环，才能更好地为全球经济复苏和发展作出贡献。

新型经济全球化是开放的全球化，不是排斥异己的全球化；是包容的全球化，不是改造别国的全球化；是普惠的全球化，不是拉帮结伙的全球化；是平衡的全球化，不是两极分化的全球化；是共赢的全球化，不是赢者通吃的全球化。

2020年5月以来，中央多次提出，以国内大循环为主体、构建国内国际双循环相互促进的新发展格局。这是我国在“十四五”规划制订之际科学研判国内外经济、政治形势作出的重大决策，对我国经济化危为机和持续健康发展都具有重大的现实意义和深远意义。

直面国际新风险

近几年，国际上保护主义、单边主义上升，有些国家推行“逆全球化”，全球产业链供应链稳定性遭到破坏。今年突发新冠肺炎疫情，世界经济低迷、全球市场萎缩，我国经济发展面临的外部环境不稳定性、不确定性增加。

第一，传统全球化难以为继。传统全球化发端于二战结束后的《关贸总协定》（GATT）。1995年1月，世界贸易组织（WTO）开始运作，次年正式取代 GATT 临时机构。从 GATT 开始时的23个成员到 WTO 目前的164个成员，生动诠释了全球化的成就。但无论是在全球化中获益最多的美国，还是被美国金融霸权反复"剪羊毛"的其他国家，都期望构建一种对自己更加有利的国际经济新秩序。美国作为传统全球化的主要推动国，现在以"美国优先""断链""退群""贸易战"等不断掀起"逆全球化"。英国经过7年酝酿、论证、公投、谈判，今年1月正式脱离欧盟。2018年以来，美国、欧盟、日本等发达经济体及印度、巴西等新兴经济体，纷纷强化外资审查政策，防范本国高科技企业被外资并购。另外，受疫情影响，各国空前重视生物医药、医疗器械等涉及国计民生的产业技术保护，拒绝外资对这类企业收购。传统全球化已经难以为继。

第二，国际产业链、供应链加快重塑。"逆全球化"及新冠肺炎疫情带来国际产业链供应链深度调整。2008年国际金融危机以后，美国、英国等制造业相对于金融业偏弱的国家，均提出重新振兴本国制造业的计划，采取税收优惠等各种措施吸引布局海外的制造业回归和发展新兴制造业。为打压竞争者，美国政府对对其贸易顺差较大国家接连挑起贸易争端，以重新谈判签署区域贸易协定或双边贸易协定取代 WTO 规则，甚至推动与我国技术脱钩，肆意打压我国高科技企业，对全球产业链、供应链稳定造成极大破坏。疫情期间，美国允诺250亿美元、日本允诺2200亿日元，补贴本国制造企业将生产线迁回本国。与此同时，越南、印度等东南亚、南亚国家，采取更为优惠的招商引资政策，准备迎接全球产业链、供应链调整带来的外商投资机遇。

此外，有关国家还企图通过挑起贸易争端、强化出口管制、纳入实体清单、进行长臂管辖、严格交流限制等，对我国高科技企业围堵打压，全力阻止我国发展。

畅通国内大循环

疫情突如其来，但国际经济、政治形势的变化不是偶然的，我国遇到的很多问题是中长期的。只有坚持底线思维，做好较长时间应对外部环境变化的思想准备和工作准备，集中力量做好自己的事，畅通国内大循环，才能更好地为全球经济复苏和发展作出贡献。

一是，构建完整的内需体系。供需平衡是宏观经济政策追求的目标，不仅包括总量平衡，还包括结构平衡。供给侧结构性改革就是要优化供给结构，提高供给质量，推动供需关系在更高层次上保持平衡。与供给侧结构性改革相适应，需求结构也应优化。2019 年，消费、投资和出口对 GDP 的贡献率分别为 57.8%、31.2% 和 11.0%。出口虽然在 GDP 中的贡献率下降，但对于拉动我国高新技术产业非常重要，在高技术产品出口中，外商独资企业的份额占 50.4%。投资需求稳定增长，2019 年 1—12 月，全国固定资产投资 55 万亿元，较上年增长 5.4%。消费需求稳步扩大，2019 年社会消费品零售总额突破 41 万亿元，已接近美国，但消费结构不均衡。我国有 1.4 亿个年收入在 10 万元—50 万元之间的三口之家，也有 6.1 亿人年人均收入 11485 元、月人均收入低于 1000 元，而介于这两档之间的还有几亿人，我国是世界上最大的发展中国家的国情没有变。应客观认识投资、出口与消费存在的结构性问题,特别是收入分配中存在的一些突出问题。在发展新基建稳投资、支持跨境电子商务与服务贸易稳外贸、落实《外商投资法》稳外资的同时,着力提高劳动在初次分配中的比重,拓宽劳动者就业和分享发展成果的渠道,结合我国人口众多的实际统筹处理好高质量发展与低收入者生计之间的关系,将更多内需潜力转变为支付能力,将支付能力释放为有效需求,在推动经济高质量发展中畅通供需良性循环。

二是,围绕创新链布局产业链。我国目前拥有联合国产业分类目录中全部41个工业大类、207个工业中类、666个工业小类,内部产业链独立完整;又是世界第一大出口国和第二大进口国,在国际产业链供应链循环中具有重要地位,产业综合配套能力十分强大。这是我国在要素成本比较优势降低的同时,逐步发展起来的一种质量更高的比较优势。2019年,我国发明专利授权量居世界首位,国际科学论文被引用数位居世界第二;全社会研发支出2.17万亿元,占GDP比重为2.19%,达到欧盟平均水平;科技进步贡献率达到59.5%;创新指数位居世界第十四,进入了创新型国家行列。尽管如此,国内产业循环存在的中低端重复布局导致产能过剩、创新能力不足致使高端布局较少的问题尚未得到根本扭转,围绕创新链布局产业链极其紧迫。应下大力气打通科技创新、管理创新、商业模式创新中的"堵点"、接通"断点",既补短板又锻长板,深化数字经济与实体经济融合,助推传统制造业改造提升,大力培育战略性新兴产业,树立"创新型企业最重要的资产是创新型人才"的理念,舍得重赏在创新中取得重大成绩的"勇夫",宽容在创新路上跌倒的企业家、科学家、教育家、技术专家，尊重和保护创新者的创新成果，促进技术创新、基础创新良性互促，在推动经济高质量发展中畅通创新链与产业链良性循环。

三是，开辟中西部发展黄金期。新中国成立后的前 30 年，我国发展基础非常薄弱，在苏联援建项目和自主配套基础上，逐步建立起现代工业体系。改革开放之初，由于资本稀缺、市场分割以及工业时代的资源约束，我国在区域经济发展中采取了"梯次"发展模式，把沿海沿江地区作为对外开放的桥头堡，建立经济特区吸引外资、积累资本，东部沿海地区率先发展起来，而西部地区发展相对滞后。2019 年，中部、西部、东北地区居民人均可支配收入分别相当于东部地区的 66.0%、60.8%、69.4%。随着改革开放不断深入、国内统一市场形成、第四次产业革命兴起以及经济全球化深入发展，创新、协调、绿色、开放、共享五大发展理念的提出，都为区域经济发展带来新机遇。根据今年 5 月发布的《中共中央国务院关于新时代推进西部大开发形成新格局的指导意见》，到 2035 年，西部地区基本实现社会主义现代化，基本公共服务、基础设施通达程度、人民生活水平与东部地区大体相当。应抓住全球产业链、供应链重塑的"危中之机"，在巩固推进黄河流域生态保护和高质量发展、京津冀协同发展、长江经济带发展、粤港澳大湾区建设、长三角一体化发展等五大国家发展战略中，国家项目优先安排中西部，国有资本积极支持中西部，绿色产业重点布局中西部，政策优惠大力倾斜中西部，全力开辟中西部发展黄金期，形成集约化的区域经济竞争模式，在推动经济高质量发展中畅通东中西部区域经济良性循环。

四是，促进经济和金融良性循环。金融是实体经济的血脉，为实体经济"输血";实体经济是金融的干细胞,为金融"造血",二者之间循环往复、相辅相成。近年来,我国金融改革发展取得重大成就,特别是2019年9月,国家外汇管理局决定取消QFII和RQFII投资额度限制,推动我国资本市场开放程度进一步加深,也有利于打通产业资本与金融资本循环中的"堵点"。长期以来,由于以资本市场为核心的现代金融体系尚未形成,导致产业资本间接融资比重居高不下,国有企业长期负债经营、杠杆率较高,民营企业融资难融资贵,金融资本服务产业资本的功能弱化,而产业资本"反哺"金融资本的功能明显。今年一季度全国规模以上工业企业利润下降36.7%,商业银行净利润增长5%,利润增长主要来自贷款、债券;2019年《财富》世界500强企业中,中国11家银行所赚取的利润占108家中国大陆上榜企业利润的47.5%,2020年《财富》世界500强企业中,10家银行利润则占到124家中国大陆上榜企业利润的44%。经济与金融的这种循环模式可能导致一些具有成长力的实体企业因债务负担、资金链断裂而夭折。而发达国家的资本市场在2008年金融危机和这次疫情期间都较好发挥了服务实体经济功能,股市屡创新高,直接融资便利,同时分散了银行风险。应抓住全球经济格局调整契机,以建立资本市场为核心的现代金融体系为目标,以防范系统性金融风险为底线,以国有金融资本为主体,按照《企业国有资产法》要求,坚持政府公共管理职能与出资人职能分开,探索加强国有金融机构出资人专职专业的统一监管,强化金融服务实体经济功能,在推动经济高质量发展中畅通经济与金融良性循环。

五是,推动国有经济与民营经济共赢发展。国有经济是国民经济的主导力量，民营经济是我国经济制度的内在要素，二者之间既竞争又合作，都是社会主义市场经济的重要组成部分，都是我国经济社会发展的重要基础。当前，在我国大幅度放宽市场准入、更加优化吸引外资环境以及鼓励高水平"走出去"的情况下，国内、国际两个市场一体化进程加快，国有经济与民营经济都面临着更加激烈的国际竞争，只有发挥各自优势、相互取长补短，才能相得益彰、共同发展。民营企业生于竞争、存于竞争，经营机制创新性强、市场化程度高，如科技型企业腾讯、阿里巴巴的股权结构分别为南非报业（现在占腾讯公司股比31%）、日本软银（现在占阿里巴巴股比34.4%）控股，但第一大股东"控股不控权"，经营控制权由创业团队即合伙人掌握。民营企业的这些创新，为国有企业混合所有制改革提供了参考。今年5月发布的《中共中央国务院关于新时代加快完善社会主义市场经济体制的意见》指出，对混合所有制企业，探索建立有别于国有独资、全资公司的治理机制和监管制度；对国有资本不再绝对控股的混合所有制企业，探索实施更加灵活高效的监管制度；对充分竞争领域的国家出资企业和国有资本运营公司出资企业，探索将部分国有股权转化为优先股，强化国有资本收益功能。应以实施《国有企业改革三年行动方案》为契机，在全面深化改革、激发内生动力的同时，也要善"借东风"，鼓励支持国有企业在更大范围、更深层次、更高水平上与各类所有制企业合作，积极稳妥深化混合所有制改革，在推动经济高质量发展中畅通国有经济与民营经济良性循环。

推动新型全球化

2019 年 9 月，国务院新闻办公室发表的《新时代的中国与世界》白皮书提出，各国应携起手来，总结历史经验与教训，加强协调、完善治理，推动开放、包容、普惠、平衡、共赢的新型经济全球化。因此，新型经济全球化是开放的全球化，不是排斥异己的全球化；是包容的全球化，不是改造别国的全球化；是普惠的全球化，不是拉帮结伙的全球化；是平衡的全球化，不是两极分化的全球化；是共赢的全球化，不是赢者通吃的全球化。

新型全球化的思想内容，既来源于我国传统文化的天下大同观，又继承了马克思主义的社会发展观，概括起来就是以合作共赢为核心理念，以构建人类命运共同体为根本目标，团结世界各国一起发展、可持续发展。用新型经济全球化理念认识双循环格局，就是推动形成中国经济与世界经济合作共赢、良性互促的发展格局。

2013 年至 2019 年，我国与沿线国家货物贸易累计总额超过7.8 万亿美元，对沿线国家直接投资超过 1100 亿美元，新签承包工程合同额近 8000 亿美元。今年世界经济形势异常严峻，国际货币基金组织预测下降 4.9%，世界银行预计下降 5.2%，全球93% 经济体将陷入衰退，明年的不确定性很大。我国是 120 多个国家和地区的最大贸易伙伴，对外直接投资位列全球第二，对世界经济增长贡献率达 30%。特别是成功控制疫情并在二季度实现经济正增长，上半年对"一带一路"沿线国家非金融类直接投资81.2 亿美元，同比增长 19.4%；中欧班列累计开行 5122 列，同比增长 36%，许多国家把拉动世界经济复苏的希望寄予我国。应找准修复国际经济循环的着力点，把共建"一带一路"为实践平台推动构建人类命运共同体作为新型经济全球化的重要途径，发挥好国有企业特别是中央企业在"一带一路"沿线国家经济走廊、工业园区、交通设施等重点项目上的骨干作用，树立可推广可复制的经验模式，激活所在国的内生经济和消费需求，为形成国内国际双循环互相促进的新发展格局贡献力量。

（作者为国务院国资委研究中心副主任、研究员

《经济参考报》2020 年 8 月 11 日）

启动经济内循环需制订
有针对性的产业发展战略

莫开伟　李庆植

不久前召开的中央政治局会议着眼中长期，对经济社会发展作出安排，加快形成以国内大循环为主体、国内国际双循环相互促进的新发展格局。

启动经济内循环是一个新的经济学命题，也是我国需要探索的一种新的经济发展之路。

我国当前启动经济内循环有不少优势：中国是一个有着14亿人口的大国，经济回旋余地宽，带动内需的潜能较大。从目前看，政府部门正在采取措施刺激内需，也在税收及其他制度安排上缩小国民收入分配差距，且在很多民生工程投入上向企业和民众倾斜，这样为提高经济韧性奠定了坚实基础。还要看到，目前人民币币值坚挺，物价比较稳定，不仅提高了外来资本投资兴趣，更增强了民众投资信心，这一切都为启动经济内循环创造了有利条件。

当前，在我国启动经济内循环既有外在压力，又有内在动力。一方面，启动经济内循环是我国经济质量提升并打破各种内外不利因素对本国经济影响的有效途径。目前我国经济发展已进入从粗放型、中低质量向集约化、高质量方向转轨的关键阶段，在这个阶段，面临的困难和阻力不少，瓶颈也较多，启动经济内循环显得至关重要。另一方面，从当前现实看，无论外部环境发生怎样的变化，启动经济内循环都是中国经济发展到现阶段，即人均 GDP 突破 1 万美元这个阶段的必然趋势。

当然，需要明白的是，启动经济内循环，与国内国际双循环，两者是可以相得益彰的。从这个逻辑观出发，启动经济内循环是激发国内企业转变市场方向，将国内市场放在更加重要和突出的位置，根据国内市场需求特点、需求规模生产出能让国内消费者感兴趣的产品。同时政府及企业想办法激发或唤醒国内消费，将国民消费的着力点和兴趣点吸引到国内消费市场上来，让激发内需活力成为带动中国经济增长的新引擎，也成为我国各类企业生产发展的主要推动力。

由此，目前我国启动经济内循环，需要制订有针对性的产业发展战略，坚定产业发展优先的正确方向，通过契合中国客观经济发展实际，孵化出更加有利于中国经济内生动力的经济增长因子，打破经济内循环障碍，使各类社会经济资源能得到最佳配置，实现高效利用，从而带动我国经济高质量增长，探索出有中国特色的新经济内循环增长之路。

就当前我国客观经济现实而言，经济内循环产业发展战略应主要集中在提高产品和服务的附加值、重塑企业生存发展生态、促进社会各类资源合理配置以及政府下放权力激活市场主体活力等四个方面。

首先，提高企业生产产品和提供服务的附加值，实现企业相互间的良性互动，真正拉动我国内需，为启动经济内循环模式奠定扎实基础。党的十九大报告指出，中国特色社会主义进入新时代，我国社会主要矛盾已经转化为人民日益增长的美好生活需要和不平衡不充分的发展之间的矛盾。唯有经济内循环模式启动起来，才能真正起到解决这一矛盾的作用，潜藏在民众身上的巨大内需潜能才会被真正焕发出来，经济内循环模式也才会真正扎稳根基。

提高产品和服务的附加值需要企业分层次建立产品价值体系。一是夯实基础层面。企业要确保产品和服务的质量、安全性以及符合生态环保等多项与法律法规有关的基础价值，满足消费者最基本的需求。同时，加快向较高附加值、消耗较少资源的方向转型，从而带动整个经济增长方式的真正转变，为拉动我国巨大的内需蓄积动能。二是拓展高级层面。企业应建立一定的知名度，为产品和服务提供更多功能，在外观、性能、设计、环保等多方面增加产品和服务的附加值。

其次，重塑企业经营生态，提高我国企业社会信任度，为启动经济内循环模式营造有利条件。启动经济内循环，当务之急是建立企业责任，提高企业社会声誉，增加企业的社会胜任度，而要实现这一根本目标，需要加大力度打击生产销售假冒伪劣商品的企业，加重处罚污染环境、产品安全性等恶意违法的企业，使企业更加珍视自己的产品质量和社会责任，从而让经济内循环获得全社会力量的支持。

再次，重新建立我国各类产业引导制度，颁布新的产业发展目录，提高产业发展信息，引导社会经济资源合理分配，为启动我国经济内循环模式提供新的推动力。我国已在产业发展方面制订了科学的产业发展规划或产业发展目录，这使我国产业整体发展不断朝着健康、协调、可持续方向转化，各种粗放产业发展模式受到遏制，对合理科学配置我国经济资源起到了重要作用。但我们还应该看到，不少产业领域的发展依然处于一定的盲目状态，生产与市场信息不对接，产业发展的科学化、合理化受到较大制约。

加快形成以国内大循环为主体、国内国际双循环相互促进的新发展格局，更需要各类经济资源的精细化配置。针对此，当前各级政府在市场经济中除了灵活运用那只"无形之手"，合理分配社会经济的各种资源，有效促进经济内循环的健康发展之外，还应更加重视"有形之手"的作用，就是当前我国启动经济内循环增长模式，需要中央政府充分利用网络大数据技术力量，对所有产业进行重新规划，制订和发布新的产业发展目录，建立生产与市场有效的对接信息模式，做到让生产者知道市场需要什么、需要多少，然后让生产者根据市场需求数量和需求特点来生产，消除生产盲目性，实现经济资源配置的科学合理和社会各类产能的平衡，从而确保经济内循环发展的顺利进行。

最后，政府进一步简政放权，切实减轻企业负担，让经济内循环模式能真正焕发出市场活力。应当说，我国政府近年在"简政放权"方面确实下定了决心，也付出了巨大努力，激发了市场活力，简政放权成效明显。当前各级政府在"简政放权"上仍需努力，不能停歇，把为企业提供良好生存发展环境当成最重要使命，消除对企业生产经营发展的掣肘。尤其要充分意识到启动经济内循环模式需要经济软环境的不断优化，增强进一步简政放权的使命感和责任感，重新对目前仍在进行的行政审批事项进行梳理，列出可以精简的行政审批事项名单，确定精简时间表，将其纳入各级政府实施考核目标，建立专门的考核班子和责任机制，督促简政放权事项的到位。为了确保这些改革到位，还应做好各级政府思想引导工作，让中国经济内循环模式在所有领域都生根、开花和结果，推动中国经济良性增长和造福民生。

（作者莫开伟系中国地方金融研究院研究员、

作者李庆植系外资企业高管人员

《上海证券报》2020 年 8 月 22 日）

农村需求是形成国内大循环的重要基础

——访国务院参事室特约研究员、原农业部副部长尹成杰

巨大的农村消费需求是我国特有的、别国无法比拟的经济优势。农村释放出经济转型升级的消费需求，恰恰是我国产业和企业转型升级的空间和市场。抓住农村消费需求的变化，就可以创造出推动经济高质量发展的新动力和新机遇。

要大力推进城乡规划融合、城乡体制融合、城乡产业融合、城乡人才融合、城乡市场融合，加快推进县城基础设施建设，为农民工就地进城务工落户创造条件。

改革开放特别是党的十八大以来，我国农业农村发展取得重大成就，不仅实现了农业"十六连丰"、农民收入"十六连增"，而且实现了农村消费需求"十六连扩"，乡村振兴取得重要阶段性成果。

当前，世界正处于百年未有之大变局。新冠肺炎疫情造成世界经济衰退，国内经济亦面临新挑战新任务，到了把农村消费需求在"十六连扩"基础上进一步挖掘和释放的时候了。

"农村消费需求是形成国内大循环的重要基础。"国务院参事室特约研究员、原农业部副部长尹成杰认为，比起以往，现阶段农村消费需求更显现出鲜明特征，更加具有重要地位和作用。要以更宽阔的视野，重新审视和对待农村消费需求。

比如，当前我国农村消费需求已发生量和质两方面的深刻变化。农村释放出经济转型升级的消费需求，恰恰是我国产业和企业转型升级的空间和市场。抓住农村消费需求的变化，就可以创

造出推动经济高质量发展的新动力和新机遇。巨大的农村消费需求是我国特有的、别国无法比拟的经济优势。

近日，接受《瞭望》新闻周刊记者专访时，尹成杰认为，加快形成以国内大循环为主体、国内国际双循环相互促进的新发展格局，以及实施乡村振兴战略、推进农业供给侧结构性改革、推进城乡融合发展，必将扩大和培育农村消费需求。同时，扩大和培育农村消费需求，既是应对经济发展下行压力、对冲疫情影响、促进经济高质量发展的有效途径，又是打赢脱贫攻坚战和乡村振兴的迫切需要。

农村消费需求是重要的潜在经济资源

《瞭望》：我国农村消费需求发展现状如何？

尹成杰：我国不仅具有政治制度优势，同时又具有大体量、大市场、大需求优势，特别是具有巨大的农村市场和需求。

我国农村需求基础坚实、领域广泛、种类繁多、规模巨大。特别是党的十八大以来，随着精准脱贫和乡村振兴战略的实施，农村消费需求的量与质都发生重大变化，多元化、高档次的新兴消费需求加快积累和形成。

当前，我国农村消费需求已进入一个新的阶段，达到一个新水平，比以往更具有鲜明特性。

一是需求规模明显扩大，二是需求种类明显多元化，三是新兴消费需求明显增加，四是对经济增长拉动力明显增大，五是需求可持续力明显增强。

在现代农业消费方面，农业"互联网+"、乡村"互联网+"、数字农业、数字乡村建设不断加强，传统的技术装备应用正在向现代的物质技术装备转变，农业技术由单项应用向组装集成转变；在农民生活消费方面，由一般性的生活保障向营养健康等较高层次转变；在居民住房消费方面，由土木结构向砖瓦结构、钢筋混凝土结构转变，由分散零散居住向集中农村社区转变；在村庄设施建设消费方面，由常规性的乡村路建设向社会化公共服务设施建设转变，向治理污染、美化绿化环境转变。

农村需求质和量发生深刻变化，需求总量不断扩张，对经济的拉动力逐步增强。

《瞭望》：该如何认识农村消费需求的作用？

尹成杰：农村消费需求是我国一种重要的潜在经济资源，具有阶段性、潜在性、持续性和多元性。

无论是现代农业建设、农村居民住房建设、农业农村基础设

近日，贵州省黔南布依族苗族自治州长顺县神泉谷景区内的粉黛乱子草进入盛开期，成片的"粉色海洋"吸引众多游客前来观赏游玩。图为2020年9月2日，游客在长顺县神泉谷景区内乘坐观光小火车游览。（新华社记者　陶亮　摄）

施建设，还是农村生态环境建设、农产品流通体系建设，以及农村社会事业发展，都蕴藏着巨大的消费需求潜力。

对农村消费需求这种宝贵资源，我们要在培育中开发，在保护中利用，在利用中扩大，发挥其"形成国内大循环的重要基础"的基础性推动作用。

城乡二元结构严重制约农村消费需求

《瞭望》：如何看待实施乡村振兴战略、推进城乡融合发展、推进农业供给侧结构性改革，与扩大和培育农村消费需求的关系？

尹成杰：乡村振兴是培育扩大和释放乡村消费需求的总开关。

农村需求孕育在乡村振兴战略实施之中。要把乡村振兴同加快形成双循环新发展格局统筹起来。双循环新发展格局，是具有战略性长期性的重大举措。实施双循环，发挥双循环作用，形成双循环新动能，必然对顶层设计、结构调整、工作方式和政策取向等提出新要求。

扩大农村需求，是进一步加大乡村振兴力度的必然结果。从一定意义上说，乡村振兴既是"三农"工作的总抓手，又是扩大和释放农村需求的总开关，是应对世界经济衰退、中美经贸摩擦、疫情影响的有力支撑。

乡村振兴为培育扩大创新农村消费需求提供了难得机遇。要把乡村振兴的过程转化成培育扩大和释放农村消费需求的过程，转化为国内国际双循环相互促进新发展格局的新动能；把乡村振兴同扩大农村需求形成双循环紧密结合，统筹推进，应对挑战，拉动经济。

一是以"五个振兴""四个优先"为指导，搞好扩大农村需求的顶层设计。二是明确重点，强化引导，促进农村需求的积累和释放。三是坚持问题导向，根据形成双循环的需要，培育和创新农村消费需求的种类和规模。四是健全政策，加大扶持，有效有力释放需求。

城乡融合发展是扩大和培育内需的重大举措。

农村需求还孕育在城乡融合发展之中。无论是推进新型城镇化，还是城乡融合发展，其重点都在农在乡。

城乡二元结构体制不仅桎梏了城乡关系，也严重制约了农村和农民消费需求的实现和释放。可以说，城乡二元结构体制在很大程度上通过制约农村消费需求，制约了经济社会发展动力与活力。

要大力推进城乡融合，把城乡融合发展作为促进形成双循环的源泉和动力。城乡融合产生需求，需求形成发展动力。要大力推进城乡规划融合、城乡体制融合、城乡产业融合、城乡人才融合、城乡市场融合等。加快推进县城基础设施建设，为农民工就地进城务工落户创造条件。

特色小镇是城乡融合的载体，是聚集内需的平台。特别是要推进农业产业小镇、农字号小镇、商贸型小镇高质量发展，扩大就业、发展产业，以产兴镇、以产扩需、以产富民。新型城乡关系是活化内需、扩大内需的重要条件。要加快建立"以工促农、以城带乡、工农互惠、城乡一体"的新型城乡关系，为培育需求、扩大需求、释放需求提供重要保证。

改革是扩大内需、形成双循环的动力。

扩大农村需求应进一步推进农村供给侧结构性改革。农村供给侧的供给能力和效率、供给侧提供的产品和服务与农村需求的适配度，直接关系到农村需求的培育扩大和释放。

农村供给侧应以市场需求为导向，正确把握农业农村消费需求的新变化新特点，生产提供适销对路、质优价廉的各类产品和服务，应用互联网大数据，改善服务质量，提高服务效率，满足农业农村新需求，助力加快形成双循环新发展格局。

搞好扩大培育农村消费需求顶层设计

《瞭望》：如何科学设置培育创新农村消费需求的政策？

尹成杰：政策引导扶持是扩大培育创新农村消费需求的重要保证。

应把扩大培育创新农村消费需求政策作为推进乡村振兴、加快形成双循环政策的重要组成部分。应根据深入推进乡村振兴、加快形成双循环的需要，科学设计扩大培育创新农村消费需求的政策取向、力度和节奏。

随着乡村振兴战略实施和农业农村现代化建设，随着新型城镇化的推进，农村消费需求正在从多领域、多种类不断扩大和释放。

一是打赢精准脱贫攻坚战，全面建成小康社会，与乡村振兴有机衔接，脱贫人口走向富裕的需求。二是加快补齐全面建成小康"三农"领域突出短板，加强农业农村基础设施建设以及改造提升，提高农村教育、卫生、养老等社会保障水平的需求。三是促进城乡产业和农村一、二、三产业深度融合，加快农产品加工业、文化旅游业、康养休闲产业发展的需求。四是推进城乡一体化，加强县城基础设施建设，搞好特色小镇建设的需求。五是加快农业农村数字化建设，发展数字农业、数字乡村，加强农业农村新基建，发展农业"互联网+"、农村电商、农户"互联网+"、社区管理"互联网+"等农业农村信息化的需求。六是加快农业科技进步与应用，提高农业机械和装备智能化水平的需求。七是加强农村基层社会治理，提高治理体系和治理能力现代化水平，增强高效优质服务功能的需求。八是加强农村生态环境治理，搞好治污项目建设，建设生态宜居美丽乡村的需求。九是实施藏粮于地、藏粮于技，加强耕地特别是基本农田保护，建设旱涝保收的高标准农田，提高粮食综合生产能力的需求。十是培育新型农业经营主体，包括种养大户、农民合作社及联社、家庭农场、股份合作组织、龙头企业的需求。十一是建立健全农业农村社会化服务体系，开展农业农村综合性服务，提高农业农村服务社会化、标准化、规范化水平的需求。十二是建立健全农业农村风险防范体系，强化风险应急管理，提高预警、防范自然灾害和社会突发公共卫生事件能力的需求。

疫情警示我们，我国农业农村始终面临着多类风险和挑战，不仅面临着自然风险、市场风险，还面临着重大动植物疫病风险和突发社会公共卫生事件风险。目前，我国农业农村抵御多类风险能力还很薄弱，基础设施建设滞后，技术支撑能力不强，因此，我国农业农村抗风险能力建设需求较大。应进一步加强抗御自然灾害基础设施建设，强化防御重大动植物疫病风险技术装备，建立应对突发公共卫生事件的卫生设施和技术体系，这将既有利于培育和释放新型消费需求，又有利于提高农业农村抗风险能力。

这些农业农村需求，既有传统需求的提升，又有新兴需求的创新。应实施有力有效的政策措施，因地制宜，加大扶持，发挥其在扩大内需、形成双循环、应对各类风险挑战和拉动经济高质量发展中的作用。

（《瞭望》2020 年第 37 期，2020 年 9 月 14 日）

强化经济"内循环"
应发挥产业引导基金的作用

王 勇

日前召开的中央财经委员会第八次会议强调统筹推进现代流通体系建设，为构建新发展格局提供有力支撑。当下，推动形成以国内大循环为主体、国内国际双循环相互促进的新发展格局，已经成为中央的新战略。在这样的新形势下，政府产业引导基金的战略作用就凸显出来了。

形成以国内大循环为主体、国内国际双循环相互促进的新发展格局，是下半年乃至"十四五"期间中国经济发展重要的政策指引，也将成为中国资本市场映射的产业趋势。从泛化的经济内循环视角出发，有的研究机构将内循环分为六个方面：消费内循环、制造内循环、科技内循环、投资内循环、服务内循环和金融内循环。

在这里，笔者还要在制造内循环基础上，再做一点补充，那就是产业链内循环。在新冠肺炎疫情强烈冲击下，贸易保护主义抬头，世界政治经济秩序正面临重组和洗牌。形成以国内大循环为主体、国内国际双循环相互促进的新发展格局，将加快促进产业链现代化水平的提升，打造发展新优势。未来，就产业链而言，要做到重点支持行业品牌建设，以行业领军企业示范为引领，以制度和技术创新为动力，实现产业链研发、设计、生产、商业化等全流程一体化，推动生产、分配、交换、消费等全过程畅通。在这方面，作为长三角一体化发展的重要平台之一，长三角 G60 科创走廊在打通产业链、加速内循环方面就走在先行先试的前列。G60 科创走廊产业协同创新中心通过集聚各地头部企业，创新产业链上下游协调发展，达到总部研发孵化在松江，制造生产在当地的产业一体化发展格局，实现了 "做大蛋糕" "两地双赢" 的目标。

因此，形成以国内大循环为主体、国内国际双循环相互促进的新发展格局还需注重产业链内循环，注重主导产业的培育和产业链构建。在这当口，政府产业引导基金的战略作用就凸显出来。

政府产业引导基金又称创业引导基金，是指由政府出资并吸引有关地方政府、金融、投资机构和社会资本，以股权或债权等方式投资创业风险投资机构或新设创业风险投资基金，以支持创业企业发展的专项资金。政府产业引导基金在培育国家和地方创新型及竞争性企业方面有着不可替代的作用。一方面，政府产业引导基金有着非常独特的示范效应，是吸引和撬动社会资本的有效路径，通过市场化手段把社会资本配置到需要重点支持的产业，可有效推动产业结构调整升级。另一方面，政府支持、培育的战略新兴产业，通常具有投资风险大、周期长、流动性差等特点，对社会资本的吸引力相对较差。政府产业引导基金实际上是以财政资金和信用作背书，吸引社会资本参与投资新兴产业，能够有效发挥财政资金的杠杆作用。数据显示，到 2019 年上半年，全国共成立 1311 支政府产业引导基金，政府产业引导基金母子基金群总规模约为 82271 亿元。

在新发展格局下，充分发挥政府产业引导基金的战略作用还需要各方合力推动。首先，政府产业引导基金的主要目的依然是聚集发展产业，发展产业就不可避免地要形成一些政策性的目标。这些政策目标一定要和当地的产业发展、股权投资、机构发展的水平相适应，吸引真正优秀的机构到地方来设立基金，推动当地的产业发展。同时，设置科学合理、切实可行的返投比例与条件，也是吸引优秀基金管理人到当地设立基金，促成项目落地的重要前提。

其次，对于产业投资者而言，如果要争取政府引导基金出资，就要真正契合当地支持的产业发展方向，沿产业链进行布局并且有具体项目能够落地。同时，除了平衡好经济效益和社会效益，最重要的是做到过程合规。所以，制度的完备性、运作的规范性、信息披露的及时性也很重要。此外，关注政策。投资者到地方申请政府产业引导基金，还要提前吃透当地的政府产业引导基金的相关政策规定和管理办法。

再次，完善政府产业引导基金的退出机制。如同任何其他投资基金一样，政府产业引导基金亦面临一个极其重要的问题，就是退出。理论上，引导基金的退出渠道包括份额转让、股权转让、回购、并购、挂牌、IPO 等多种方式。其中，通过 IPO 退出能够获得较高收益，是较理想的退出方式。但是，数量如此庞大的政府引导基金及其子基金，完全通过 IPO 或并购退出并不现实。目前，关于政府产业引导基金的退出规定，仅散见于部门规章及各地方政府制定的框架性规定中，不全面也不细致，给实际操作带来了诸多困扰。因此，建议政府能够就产业引导基金的退出时机、方式、路径等问题，尽快出台相关政策规定。唯有如此，政府产业引导基金的战略作用才能真正充分发挥出来。

（作者系中国人民银行郑州培训学院教授，

银行业研究与诊断中心主任

《上海证券报》2020 年 9 月 19 日）

以建设强大国内市场加快形成新发展格局

——访国务院发展研究中心市场经济研究所所长王微

当前我国经济正处于从高速增长转向高质量发展的关键期，推动形成以国内大循环为主体、国内国际双循环相互促进的新发展格局，既是应对国际严峻复杂形势的关键之举，也是增强我国经济发展活力和韧性的迫切需要。如何看待建设强大国内市场与形成新发展格局的关系？怎样充分发挥我国超大规模市场优势和内需潜力？

王微认为，强大国内市场是构建新发展格局的基石。强大国内市场的基础在"大"，关键在"强"。不仅要有庞大的市场规模，更重要的是形成供求相互促进、创新驱动强劲、软硬件环境完善、产业链供应链运转畅通、与全球市场高效联通的内需市场，从而为形成新发展格局提供坚实的市场运行保障。

"从国内外发展条件来看，支撑我国经济增长的因素正在发生深刻变化。"王微指出，一方面，劳动和资本投入的贡献降低，技术进步速度有所放缓，经济增长的需求动力也趋于减弱；另一方面，国际市场需求严重萎缩，全球产业链供应链的不确定性显著增强。但也要看到，经济发展长期向好的基本面没有变，特别是拥有任何经济体都无法比拟的超大规模市场，将成为推动我国经济持续稳定增长、保障我国经济与产业安全的坚实基础。

"加快形成强大国内市场，把满足国内需求作为发展的出发点和落脚点，有利于畅通国内大循环，缓释风险和对冲外部压力，消除企业避险情绪，提振发展信心，还有利于增强发展韧性和扩大回旋余地，提高自我调节能力，实现更充分的规模经济、范围经济、网络经济效应。"王微说。

在她看来，经过改革开放四十多年，超大规模市场已成为我国经济发展比较优势，强大国内市场的发展特征加速显现。这突出表现在：

一是我国消费市场持续扩张，提质扩容和模式创新的动力强大。2019 年，我国社会消费品零售总额已达 41.2 万亿元，稳居全球第二大消费国。

二是供给调整加速，新兴领域投资增长显著。2019 年，我国全社会固定资产投资为 56.1 万亿元，其中制造业投资规模最大，特别是高技术和新兴产业投资快速增长。计算机、通信和其他电子设备制造业投资连续四年保持 15% 以上的增长。

三是营商环境逐步向好，市场活力和创造力不断迸发。"放管服"改革的不断深化，特别是市场准入负面清单制度、公平竞争审查制度的全面实施以及知识产权保护制度的完善，推动了市场准入门槛的降低和制度性交易成本的下降，促进市场主体数量增长较快和创新潜力加快释放。2019 年底，我国实有各类市场主体 12339.5 万户，比 2015 年底增长了 59.3%。新兴技术研发、应用和商业模式创新不断涌现，数字化、智能化等方面的创新已从探索期进入加快发展期，大量创新性企业快速涌现。

四是对全球市场的吸引力不断提升，在稳定全球产业链供应链中的作用凸显。我国是拥有 14 亿人口、4 亿以上中等收入群体的超大规模市场。2019 年，我国货物、服务进口额分别为 20771 亿美元和 5006.8 亿美元，是全球仅次于美国的第二大货物和服务贸易进口国。另一方面，近年来我国不仅保持全球第二大外资流入国地位，而且成为全球最大对外投资国家，涉及制造业、服务业及基础设施等领域。2019 年中国对外直接投资额达到 1369.1 亿美元，占全球对外投资比重达到 10.4%，连续两年位居全球第二位。

不过，王微也指出，以强大国内市场促进新发展格局加快形成仍面临诸多制约。"特别是消费增长潜力释放尚不充分，有效和中高端供给仍然滞后，交通、水利、能源、公共卫生、生态环保、农业农村、防灾减灾等基础设施建设存在不少短板和薄弱环节，对标国际先进，加快制度型开放和提升我国市场国际化水平的步伐仍需加快，法治化的营商环境和市场治理能力亟待提高。"

"加快形成新发展格局需要从建设强大国内市场发力。"在谈及具体的实现路径时，王微指出，一是要充分发挥消费的基础和引领作用、投资的关键和支撑作用，通过增加收入和改善分配，培育壮大中等收入群体，鼓励消费创新和培育消费新增长点，开辟投资新空间，加快构建规模巨大、层次完善和创新活跃的强大内需市场。

二是加快供给侧结构性改革，构建适应消费升级和产业转型的多元化供给体系，加强基础设施系统化和智能化建设，增强市场韧性和抗冲击能力。

三是进一步提升营造宽松开放、激励有效的发展环境，加快建设竞争有序的统一大市场，完善市场治理的基础性制度，加快建设高标准市场体系，实现质量变革、效率变革、动力变革，通过国内市场要素资源的高效配置和产业链供应链协同创新，促进国内大循环迈上新台阶，为加快新发展格局提供强大市场底盘支撑。

　　四是继续深化对外开放，对标国际先进规则，加大国内市场特别是服务市场的开放力度，促进国内外要素资源的自由流动和高效配置，建立适应在全球范围配置和利用资源的高水平规则体系，提高国内国际市场的接轨程度，努力成为具有全球影响力的世界市场，在全球经济版图重构中扮演更重要角色。

　　　　　　　　（《经济参考报》2020 年 10 月 9 日　记者　班娟娟）

第二篇

"大循环""双循环"的核心要义是什么？

面对新发展格局，专家有话说

以国内国际双循环引领新型全球化

张　辉

2020年5月14日召开的中央政治局常委会会议首次提出，构建国内国际双循环相互促进的新发展格局。随后中央又提出，打通生产、分配、流通、消费各个环节，逐步形成以国内大循环为主体、国内国际双循环相互促进的新发展格局，培育新形势下我国参与国际合作和竞争新优势。前不久召开的中央政治局会议又提出，加快形成以国内大循环为主体、国内国际双循环相互促进的新发展格局。

立足内需构建国内大循环

生产、分配、交换、消费是构成"社会生产和再生产"的各个环节。畅通国内大循环需要通过供给侧结构性改革，打通收入分配和流通交换中间的桥梁连接机制，把生产和消费有机结合起来，不但通过强大生产能力支撑国内巨大市场需求，而且要通过国内巨大市场体量反哺生产转型升级，实现高质量发展。通过收入分配改革，发展社会生产力，激发市场活力。通过加强流通体系，联通生产端与消费端，促进国内大循环良性运转。

从生产来看，制造大国地位稳固，产业发展亟待转型。改革开放以来我国生产规模和效率都有了显著提升。我国已经基本完成工业化，打造出独立完整的现代化工业体系，成为世界上唯一拥有联合国产业分类中全部工业门类的国家。截至 2018 年，中国工业增加值占全球份额达 28% 以上，接近美、日、德三国的总和，数百种工业品产量位居全球首位。按照国际标准工业产品分类的 22 个大类，我国制造业占世界比重在 7 个大类中高居榜首，在 15 个大类中名列前三。

我国正经历从工业向服务业转型的发展阶段，一方面，需要完成从资本密集型产业向技术和知识密集型产业的转换；另一方面，需要推进由工业化初期轻工业所代表、制造业为主的劳动密集型产业，向金融、研发、数字服务等现代服务业为主的新型劳动密集型产业的发展。

从分配来看，收入相对差距缓慢缩减，人均水平尚待提升。我国居民收入基尼系数和城乡收入差距在 2009 年达到高点后，已在逐步缓解；东、中、西之间区域收入差距在 2006 年达到峰值后，也在徐徐收敛；行业之间收入差距在 2005 年达到顶点后，也在日渐回落。

我国整体人均收入水平，2018 年达到世界平均水平的 86.5%，是"一带一路"沿线国家和地区平均水平的 3 倍多，处于中高收入的发展中经济水平，正向高收入的发展中国家迈进。然而我国人均收入仅排在全球 70 多位，是世界上最大发展中国家的地位没有改变。近年来我国脱贫攻坚取得一定成效，但实现共同富裕依然任重道远。低收入人口还占有庞大基数，中等收入群体比重仍然较低。由于低收入群体的消费边际倾向较高，提升其收入水平，才能更大程度地激发庞大内需市场，注入经济增长活力。

从流通体系来看，要素市场协同发力，数据联动产销两极。我国建立起了社会主义市场经济体制，在商品市场方面，已由原来97%以上由政府定价，转变为97%以上由市场定价。在要素市场方面，相较于商品市场化程度，要素市场化改革仍需加强，特别要从土地、劳动力、资本、技术、数据等要素市场系统推进。

随着现代技术的发展，有助于流通的各类电商平台和数字服务业在国内得到了长足发展，有力连接着生产和消费两端。然而，目前数字经济与消费端的结合明显强于与生产端的结合，未来需要着力强化数字经济与生产端的融合发展，更加有力地助推生产和消费的有机联系。

从消费来看，依靠内需稳步增强，市场潜力日益凸显。目前我国消费主要依托国内市场，而且对内依存度呈现上升趋势。我国外贸依存度已从2006年高点64.4%，逐步下降到2019年的31.9%，近十多年发展不但已将内需外需格局由3∶7扭转到了7∶3，而且内需比重仍然在不断提升。随着外需依存度的逐步降低，国内巨大的内需市场已经越来越成为我国需求的主要来源。

我国坐拥14亿人口的巨大市场，个人消费支出规模是相同人均GDP水平下美国、日本、英国、法国、德国、意大利、韩国个人消费支出总和的1.35倍。随着国内主要矛盾的转化和对外开放水平的提升，消费趋势愈加个性多元，增长潜力也日益凸显。2015年至2018年我国居民最终消费年均增长率是美国和欧盟国家的2.9倍；我国年均汽车销量是美国的1.54倍。

以国内大循环为主推动国际循环

改革开放四十多年来，随着我国综合经济实力显著增强，我国参与全球经济程度稳步提升，20 世纪 90 年代中期我国深深融入东亚经济体系，21 世纪之初，我国已深刻嵌入全球经济体系。从全球价值的循环来看，一方面，中国与发达经济体之间形成了以产业分工、贸易、投资、资本间接流动为载体的循环体系；另一方面，中国又与亚非拉发展中经济体之间形成了以贸易、直接投资等为载体的循环体系。实证数据显示，这一国际大循环体系，萌芽于 2002 年至 2007 年，在 2008 年后逐步成型。

目前，中国已成为全球主要经济体价值循环的联通枢纽。与我国发生经济联系的 188 个样本经济体，呈现出 "8" 字形全球价值循环的经济模式，中国是连接发达经济体和发展中经济体的关键节点。我国从发达经济体进口的商品以最终品为主，而出口的商品以中间品为主；我国与发展中经济体的贸易分工则相反，出口以最终品为主，进口则以中间品为主，并且在重工业、轻工业贸易中也表现出类似特征。迄今为止，全球 1/3 到 2/3 的国家和地区通过最终消费品和中间品贸易与中国紧密地联系在一起。

在国际大循环的分工体系中，发展中经济体的出口贸易附加值仍比较低，发达经济体的则比较高，我国处于价值分工的中间位置，联通着发达经济体与亚非拉发展中经济体的经济合作，形成了全球价值循环的分工体系。

此外，中国还筑起 "一带一路" 沿线国家和地区的中间桥梁。"一带一路" 沿线六十多个国家和地区经济发展水平参差不齐，资源禀赋各异，工业化水平不同，形成大致三种不同的产业梯度，即技术密集与高附加值产业（工业化后期国家和地区）、资本密集型产业（工业化中期国家和地区）及劳动密集型产业（工业化初期国家和地区）。"一带一路"沿线也呈现一种以中国为桥梁的上下循环（小"8"字）。所以，目前全球经济呈现出以中国居中的大小两个循环抑或说双"8"字循环模式。随着"一带一路"倡议的扎实推进，我国已成为"一带一路"沿线25个国家最大的贸易伙伴，2019年中国与"一带一路"沿线国家和地区进出口总值达9.27万亿元。

　　鉴于此，我国应坚持推动对外开放，将全球价值链重构与国内经济结构调整相结合，大力促进"一带一路"倡议与欧亚互通战略等对接；积极推广数字"一带一路"建设；鼓励国内制造企业与境外自由贸易区、产业集聚区、经贸合作区加强跨区域对接；坚持增进中国与"一带一路"相关经济体实现包容性增长；共同搭建世界开放式、协同化、网络化平台；着力打造基于数据链联动、供应链协同、产业链共享的融通发展模式。

　　中国完备的工业体系和健全的基础设施，为全球企业提供低廉、便捷、通畅的生产制造体系，持续优化的营商环境进一步增强了中国对全球企业的吸引力。2019年中国外资流入额稳居发展中国家首位、位列全球第二位，投资来源国家和地区达179个。中国国内消费超大规模红利的不断释放及外资准入负面清单的日益缩减，为全球企业带来了广阔的发展空间和丰厚的利润收入。并且由于高质量外资不断流入，中国劳动力质量优势得以充分发挥，推动高素质就业人数快速增加，为中国高质量发展奠定坚实基础。

加快形成国内国际双循环相互促进的新发展格局

随着国际上逆全球化趋势增强和疫情负面影响加剧，我国乃至全球产业链、供应链都显露出产供销脱节、上下游不同步等问题，体现出世界生产体系的不安全性、不稳定性、脆弱性。我国应充分发挥自身超大规模的加工制造体系和内需市场优势，立足国内生产和消费两个大市场优势，逐步构建优势互补、相互促进的国内国际双循环机制，进一步巩固我国已有产业优势，推动产业链现代化和产业基础高级化等社会生产力的增进。

从全球价值链治理机制来看，顺畅的国内大循环，立足国内巨大市场，助力于生产的工艺增进、品牌提升；贯通的国际大循环，依托双"8"字环流，有利于生产的规范化、标准化和产品创新。二者相得益彰，其中国内大循环对于形成核心技术优势和渠道优势等更为重要，也对我国经济转型实现高质量发展更为关键。

以我国为桥梁的全球价值循环模式可以有效推动产业在不同梯度国家的转移，使各国产业相互拉动，贸易形成互补，实现价值链循环上的产业协同。这不仅包含狭义的工业生产力，更涵盖了技术、管理制度、标准等"软实力"的跨国合作，实现多层次、宽领域的区域分工合作，扩大世界范围内的生产可能性边界。

我国经济发展阶段正处于工业化中后期向高收入发展阶段迈进的转型时期。这一阶段，需要更大程度、更高水平的开放，通过进一步嵌入全球产业链，加强国际大循环带动产业结构的升级和效率提升。

当前，国内国际双循环相互促进的新发展格局已经初步显现。在国际循环中，虽然我国出口方角色突出，出口中间品较最终消费品地位更为稳固，不过，随着我国消费实力的提升，作为各类商品进口方的地位也在迅速提升；此外，我国中间品及最终品进出口贸易均增速较快，其中最终品进出口方的排名提升相对中间品而言年均增长更快，产业转型升级逐步显现。

"国内国际双循环"是在新的时代节点上提出的一个夯实国内经济基础，引领新型全球化格局的理论和实践范式，为世界经济增长提供多方面的发展红利，有助于建设开放、联动、公正和更具包容性的世界经济体系，塑造迈向未来的"人类命运共同体"。国内国际双循环相互促进的新发展格局，将为国内和全球经济发展注入新活力，为中国和世界共同繁荣带来新机遇。

（作者系北京大学经济学院副院长、教授

《经济参考报》2020 年 8 月 11 日）

知识链接

基尼系数是指国际上通用的、用以衡量一个国家或地区居民收入差距的常用指标。基尼系数最大为"1"，最小等于"0"。基尼系数越接近 0 表明收入分配越是趋向平等。国际惯例把 0.2 以下视为收入绝对平均，0.2—0.3 视为收入比较平均；0.3—0.4 视为收入相对合理；0.4—0.5 视为收入差距较大，当基尼系数达到 0.5 以上时，则表示收入悬殊。

"双循环"格局推动开放进入新阶段

崔 凡

近段时期以来，有些人对"构建完整的内需体系""以国内大循环为主体"的理解存在片面之处，忽视了构建"国内国际双循环相互促进的新发展格局，培育新形势下我国参与国际合作和竞争新优势"的重要要求，甚至认为外贸外资对经济社会的贡献已经不重要。因此，有必要谈谈对这个问题的看法，澄清一些片面的观点。

外贸依存度等指标的下降不意味着对外经贸工作重要性的下降

近年来，在全球贸易投资不景气的背景下，我国外贸外资稳步发展，保持了世界第一大贸易国和第二大外资流入国的地位。我国外贸外资在经济增长、财政税收、就业和开放型经济发展方面做出了重要贡献。与此同时，外贸外资在整个国民经济中的占比有所下降，例如2019年，我国外贸依存度（货物进出口占GDP的比值）为31.8%，对比2006年的最高点64.2%下降了一半。除此之外，外贸顺差或者经常项目顺差与GDP的比例、外商投资企业进出口占所有进出口的比重、实际使用外资金额占全社会固定资产投资的比重等指标均呈下降趋势。在这种情况下，我们应该如何看待外贸外资对经济社会的贡献，如何看待外贸外资的重要性？

随着我国经济体量的扩大以及在世界经济中的占比上升,我国外贸外资与国民经济总量的比例有所下降,这是一个自然的经济规律。经济体量越大,一般外贸依存度会相应下降,上述的各种指标也可能下降。例如世界第一大经济体美国,在 2019 年的外贸依存度为 19.7%,远远低于我国。在今后一段时间,预计我国外贸依存度仍会有所下降。但是,这并不必然意味着外贸外资对我国经济社会贡献的下降。

上述指标的下降也不意味着中国对外开放程度的下降。实际上,尽管多哈回合谈判停滞,通过近些年的自主开放,中国在 2006 年之后的最惠国平均关税从大约 9.8% 下降到大约 7.5%;与此同时,通过签订一系列的自贸区协定,进口商关税负担还有进一步的下降。在外资领域,经济合作发展组织(OECD)对世界上主要经济体的外资限制程度进行了评估。他们的数据显示,中国在 2013 年以来对外资限制程度迅速下降,下降幅度是各主要经济体中最大的之一。实际上,虽然全球直接投资连续四年下降,今年很可能会是连续下降的第五年,但我国吸引外资的流量近年来不仅保持了稳定而且略有上升。

当然,外贸依存度这些指标如果下降过快,也是需要注意的问题。外贸外资的发展应该有适度规模,不能因为国民经济内循环的重要性而忽略国际市场外循环的重要性。但是,我们应该看到,外贸依存度等指标的下降主要是因为我国经济体量的上升,是因为我国的经济发展和对外开放都进入到了一个新的阶段,具有了新的特征。

超大规模国内市场是形成国际竞争力的优势来源而非放弃国际竞争的理由

人口众多是中国的一大特点。以往这个特点主要表现为劳动力价格便宜，但随着劳动力成本和劳动者收入的上升，这个特点日益表现为庞大而且持续增长的国内市场。中国企业对外竞争力的优势来源也日益从便宜的劳动力转化为庞大的国内市场。

很多人看到了内需与外需相互替代的一面，但是，对于规模经济型产业来说，庞大的内需可以成为提高出口竞争力的优势来源。在一定条件下，内需与外需也会呈现出互补关系。虽然在基础设施建设、轨道交通、通讯设备等领域，有一批中国企业做到了利用超大规模国内市场来增强对外竞争力，我们的大部分外向型企业还没有做到充分利用两个市场和两种资源。

强调国内超大规模市场优势不是弱化企业的外向性，反而是为了增强其国际竞争力。获得中国大市场利益的企业，更容易形成出口。因此，强调大市场优势并不是认为中国市场大到可以容纳出口型企业的所有产能，而是要发挥国内大市场在帮助企业渡过难关、稳定经营并提高竞争力方面的作用。协助外向型企业出口转内销，不是放弃海外市场，恰恰是为了帮助出口型企业熬过困难时期生存下来，同时保住已经建立的外销渠道。

"构建完整的内需体系"并不意味着内需体系本身构成完整的需求体系，外需仍然是整个需求体系中不可缺少的一部分。与此同时，对内需的满足也不可能仅仅依靠国内供给。要真正发挥我国的超大规模市场的优势，需要正确理解"构建完整的内需体系"的含义。

第一，"构建完整的内需体系"意味着国内大市场应该是统一的、完整的，而不是分裂的、破碎的。要制约地方保护主义，维护公平竞争环境。

第二，"构建完整的内需体系"要通过供给侧结构性改革，完善社会保障体系，促进市场导向型生产活动，消除压制内需的不利因素，把潜在内需挖掘出来。要通过降低贫富差距，促进中西部地区的发展，活跃中西部地区生产与消费活动，在产业梯度转移的同时推动沿海地区产业升级。

第三，"构建完整的内需体系"意味着不仅仅要完善商品需求体系，还要完善要素需求体系，深化要素市场化配置体制机制改革。

第四，"构建完整的内需体系"意味着应该积极扩大进口，引进国际上适销对路的产品和要素满足国内生产和人民生活水平提高的要求。封闭的内需体系不可能是完整的内需体系。

如果我们能够构建开放、统一、完整的内需体系，它就能够成为中国企业国际竞争力的优势来源，成为吸引外资的优势来源，从而有利于中国企业包括依照中国法律建立起来的外商投资企业更加具有国际竞争力。

构建国内国际双循环相互促进的新发展格局意味着我国对外开放进入新阶段

国内大循环的健康发展有利于中国企业参与国际大循环，积极参与国际竞争又能够提高企业在国内市场的竞争力。使得国内国际双循环相互促进才能培育新形势下我国参与国际合作和竞争新优势。

　　我国对外开放早期的一大特点是"两头在外，大进大出"，我们一度没有资本、没有市场、没有技术、没有原材料，只有劳动力。通过发挥劳动力便宜的优势，我国逐渐融入了全球价值链并且地位有所攀升。随着中国经济体量的扩大，早期的对外开放模式已经难以持续，也没有必要固守。我国对外开放应该进入新的阶段。在这个阶段，开放应该是全面的，深入的。要推动中国经济与世界经济的深度融合，构建国内国际双循环相互促进的新发展格局，使得双循环相互促进成为对外开放新阶段的主要特征。

　　中国与发达国家之间长期以来形成了纵向的国际分工关系，中国在低端，发达国家在高端。随着中国经济体量的扩大和在全球价值链上的扩展与攀升，中国与发达国家的国际分工日益横向化，纵向分工和横向分工同时存在，横向分工的比重上升。在这种情况下，发达国家部分生产环节的回归和转移是具有一定的经济逻辑的。部分国家出于国家安全和供应链稳健性的考虑对其在全球价值链上布局的一些调整对我国经济也并不会构成严重的伤害。绝大部分的国际贸易与国际投资仍然是基于基本经济规律在发展的。

　　能否促进我国与世界经济的相互融合，能否构建国内国际双循环相互促进的新发展格局，关键在于中国自身的开放政策。尽管近年来我国对外开放有了长足的进展，我们应该认识到，中国在世界主要经济体中的开放程度仍然是偏低的，离经济合作发展组织国家的平均开放水平仍然有一段距离。2020 年中国《外商投资法》的实施，在各方面要求给予外商投资企业以国民待遇，力争实现大门开了小门也要开，准入也要准营。这是使得双循环相互促进的有利举措。外商投资企业是包含了外国投资的中国企业,它们是链接双循环的纽带,是推动双循环相互促进的重要力量。

自贸试验区和中国特色自由贸易港是链接双循环的重要平台,自贸区(港)的建设也是推动双循环相互促进的重要方式。除此之外,内陆开放型经济试验区、重点开发开放试验区等也是促进内陆和沿边地区对外开放的重要载体,有利于逐步形成以国内大循环为主体、国内国际双循环相互促进的新发展格局,推动我国对外开放进入新的阶段。

(作者系对外经济贸易大学国际经贸学院教授

《经济参考报》2020 年 8 月 11 日)

知识链接

经济合作与发展组织是由 38 个市场经济国家组成的政府间国际经济组织,旨在共同应对全球化带来的经济、社会和政府治理等方面的挑战,并把握全球化带来的机遇。成立于 1961 年,目前成员国总数 38 个,总部设在巴黎。

以内外 "双循环" 构建
全球价值链供求双中心

章玉贵

为应对持续在海外蔓延的新冠肺炎疫情所带来的影响，国务院办公厅本月 12 日发文再度推出 15 项稳外贸稳外资举措，并且每一条措施都是针对外资外贸企业面临的现实问题而给出的精准施策。

作为全球第二大经济体和第一大货物贸易国，中国对外贸易依存度虽然远低于德国、英国等发达国家，但自 2013 年进出口贸易总额首次突破 4 万亿美元之后，近年来对外贸易额一直在 4.5 万亿美元上下徘徊。加之由于受到全球经济的波动、增量出口市场的约束以及外贸环境的不确定，即便在没有出现疫情的情况下，外贸工作也比以往更具挑战性。从 2019 年 4.47 万亿美元的进出口总额来分析，民营企业占我国外贸进出口总值的比例高达 42.7%，外商投资企业在进出口所占比重为 39.9%。可见，稳外资稳外贸的核心环节是稳住民营企业和外资企业的基本盘。

众所周知，对外贸易（货物和服务贸易）的本质是全球范围内生产要素的转移和交易条件的匹配，其存续和发展需要一系列相关条件的保障。自二战结束至 20 世纪末的半个多世纪里，全球贸易在发达国家的推动下取得了长足发展，全球范围内的商品、技术、资本与劳动力流动，在跨国公司日益增强的全球资源配置力的推动下，带动了新兴经济体和发展中国家对外贸易的大发展，释放了一波又一波产业转移和技术转移红利。德国和日本成为国际贸易外循环最重要的力量中心之一，全球贸易的利益格局也在此期间发生了重大变化，导致发达国家之间以及发达国家与发展中国家之间的贸易摩擦不时发生，甚至出现了美日、美欧之间较为激烈的贸易冲突。

回顾全球价值链供求中心的发展变迁史，当一国完成了由制造业和贸易大国向产业和资本强国的角色转变之后，往往由于更多关注来自价值链高端的收益而忽视了对传统比较优势的整固。而当比较优势渐失之后，来自新兴力量的竞争挤压又带来了日趋强烈的预期落差。实际上，这也是工业化、全球化以及贸易深化和经济金融化带来的内外经济失衡的相关表现。

进入 21 世纪以来，尤其是中国在 2001 年加入世界贸易组织之后，国际市场格局、全球产业链、供应链和价值链由于中国的深度参与而发生了自工业革命以来最为重要的变化。中国从"入世"之前不到 5000 亿美元的中等贸易伙伴，迅速成长为年进出口额超过 4 万亿美元的全球最重要的贸易伙伴之一，对外贸易的广度和深度在"入世"至今不到 20 年的时间里得到了大幅提升。商务部披露的数据显示，中国目前已是 120 多个国家和地区的最大贸易伙伴，进口占全球比重约为 11%。来自净出口的外贸顺差是确保中国有较充足外汇储备的最重要来源。

疫情对国际贸易带来的最重大威胁是供应链的局部断裂，基于各种安全理由以及打造更短"多元本地化"供应链的考虑，全球供应链转移自今年 3 月份以来有所加快。麦肯锡全球研究院新近发布的一份报告预测，全球企业可能会在未来5年内将它们全球产品供应的四分之一转移到新的国家，受到影响的商品总价值为2.9万亿至4.6万亿美元，约为2018年全球商品出口贸易额的16%至26%。

不过，中国自"入世"以来逐渐形成的全球产业链供应链核心国地位不大可能因为一场疫情的冲击而轻易动摇，包括标普在内的国际重要市场主体普遍认为，美国制造商很难找到能够取代中国供应商的生产者，中国巨大的市场机遇是任何有远见的企业家不敢也不会轻易放弃的。因为市场是最聪明的体系性存在，对国际市场嗅觉极为灵敏、长期受益于中国经济发展且高度依赖海外利润的跨国公司而言，除非有持续性的另类替代性收益补偿，否则它们不会主动放弃中国的市场，进而选择与中国脱钩。在可预见的将来，恐怕也没有任何国家或国家利益集团能够长期承受将全球分化为两个技术、贸易、产业乃至金融体系所带来的显性与隐性成本。

中国正在通过良好的制度设计与21世纪的高标准推动高水平对外开放，并以优质产能的全球化配置、提供可复制的商业模式等一系列方式，不断释放经济开放与对外贸易发展的红利，这些都将构成21世纪上半叶全球化红利的核心组成部分。因此，我国提出并推动落实"双循环"，既有利于全球经济再平衡，也是在高水平开放背景下构建全球价值链供求双中心进而实现高质量可持续发展的必要条件。

从实施"双循环"所需的基础性条件与支撑要素来看，人均GDP刚过1万美元的中国，正处于工业化和城镇化的中后期，构建竞争性的国内市场体系尤其是现代化经济体系依然有一系列的任务清单需要完成,整体上呈现梯度转移的产业格局预计在未来两个五年规划期间都不会消失,这就赋予国内市场大循环很大的行为空间。实际上,超过5亿人口的中西部地区,其在国内大循环带动下可能释放的增长潜力,恐怕并不亚于当年沿海经济大循环所带来的增长红利。另一方面,业已深度融入全球产业分工体系且与国际市场高度联动的中国,只要遵循国际市场规则并以此扩大对外经济贸易与合作,完全有条件做大做强外部循环。而一旦中国全面打通内外循环之间的接口,并在整合已有条件的基础上形成全球价值链的供给与需求双中心,则中国将成为真正意义上的全球经济与产业发展之"锚"。

（作者系上海外国语大学
国际金融贸易学院院长、经济学教授
《上海证券报》2020年8月15日）

知识链接

越来越多的公司开始推行本地化的策略——将管理、运营、供应链、生产、产品或营销活动转移或下放到各国当地市场。对于本地化的理解一般以国家层面为主

以新发展格局应对新变局

韩保江

以国内大循环为主体，本质上是清除国内供求梗阻，努力实现总供给和总需求的总量平衡和结构协调，提高全要素生产率，提高国民经济运行效率。

国内国际双循环相互促进，本质上是要继续扩大开放，继续深入融入世界经济产业链、价值链和供应链。

突如其来并仍在世界肆虐蔓延的新冠肺炎疫情，不仅打乱了我国原定的发展节奏，而且深刻改变着我国发展的内外环境，中国经济遭遇前所未有的新变局。

首先，疫情防控常态化，成为扰动中国经济发展步伐的直接变量。今年初，疫情暴发迫使我们按下了经济发展的"暂停键"。有专家警告新冠病毒将长期与人类并存，所以谋求统筹疫情防控和经济社会发展工作将从短期操作转向持久行动。

其次，中国成功的疫情防控与美国以及其他一些国家的疫情"失控"形成的反差产生"酸葡萄效应"，激化了制度之争和意识形态冲突。少数西方国家对我国的意识形态偏见与贸易保护主义、单边主义、逆全球化思潮和新冷战思维合流，又进一步恶化了中国经济发展的外部环境。

其三，新产业革命方兴未艾，信息化、网络化、智能化将重塑生产方式和生活方式，我国经济社会发展将全面接受这场新产业革命的洗礼。

其四，中国经济发展进入新时代，全面建成小康社会目标将如期完成并即将开启全面建设社会主义现代化国家新征程，中国经济发展将进入质量优先的新发展阶段。

疫情蔓延及外部发展环境的变化，很多并不以我们的意志为转移。我们要做的，就是以变制变，努力在危机中育新机、于变局中开新局。

很关键一点，就是要以持久战的思维，牢牢抓住扩大内需这个战略基点，加快形成以国内大循环为主体，国内国际双循环相互促进的新发展格局。

以国内大循环为主体，本质上是清除国内供求梗阻，努力实现总供给和总需求的总量平衡和结构协调，提高供给结构对需求结构的适应性，提高全要素生产率，提高国民经济运行效率。

从供给端来看，首先，要大力疏通社会再生产过程中生产、流通、分配、消费各环节上的堵点，确保社会再生产循环畅通。在生产上，要主动适应人民追求美好生活的质量需要和结构要求，自觉调整产业结构和产品结构，努力提高供给对需求的捕捉力。在流通上，要以建设"统一开放、竞争有序"的市场体系为抓手，彻底根除阻碍流通的行政性壁垒和利益藩篱，真正做到市场准入畅通、市场开放有序、市场竞争充分、市场秩序规范，实现生产要素的自由流动和高效配置。在分配上，要抓住"限高收入、扩大中等收入、提升低收入"三个关键，不断缩小收入分配差距。在消费上，要鼓励居民消费升级，在确保生存资料消费安全的基础上，促进人们更多消费享受资料和发展资料，从而实现人的全面发展。

其次，大力实施创新驱动发展，推动科技和经济社会发展深度融合，打通从科技强到产业强、经济强、国家强的通道，让改革释放创新活力。

从需求端来看，要深入开发蕴藏在 14 亿多人口中的超大市场潜力，不断扩大国内消费需求和投资需求。扩大消费需求，不仅要稳定并扩大就业，不断提高居民收入，稳定消费预期，而且要清除各种消费限制。扩大投资需求，既要重视扩大新基建的投资，也决不能忽视传统基建的投资需求，这方面的历史欠账仍然很多，投资空间仍然很大。

国内国际双循环相互促进，本质上是要继续扩大开放，继续深入融入世界经济产业链、价值链和供应链。为此要继续以"一带一路"建设为抓手，加快推进沿线国家"政策沟通、设施联通、贸易畅通、资金融通、民心相通"，进而通过促进沿线国家乃至世界经济快速发展来牵动国内经济持续发展。

（作者为中共中央党校（国家行政学院）

经济学教研部主任、教授

《瞭望》2020 年第 33 期，2020 年 8 月 17 日）

"双循环"是为了更好地打通国际大循环

中国宏观经济研究院副院长毕吉耀研究员在中国财富管理50人论坛举行的"当前形势下构建'双循环体系'的可行性与对策"专题会议上就"双循环"提出的原因，实现"双循环"发展格局的可行性和政策重点等方面进行了分析解读。以下为其主要观点：

中央政治局会议提出，加快形成以国内大循环为主体、国内国际双循环相互促进的新发展格局，可能主要基于两方面原因。

一是当今世界正在经历"百年未有之大变局"。今年是"十三五"规划收官之年，也是第一个百年目标的决战决胜之年。展望未来五年甚至更长时间，我国发展面临的外部环境和内部条件都将发生一系列深刻而复杂的变化。从国际上看，疫情叠加世界金融危机以来持续低迷的经济增长，可能会使得外部的经济形势在未来至少五年之内非常严峻，世界经济总量如能在未来四、五年恢复到疫情之前的水平，已是比较乐观的估计。在此情况下，依赖外需是不现实的，构建以国内经济大循环为主体，"双循环"相互促进的发展格局已迫在眉睫。

二是近年来，全球化出现逆潮，单边主义、贸易保护主义不断强化，经贸摩擦不断。以往国外对我国贸易的制约主要在于出口，现在则开始打压我国高科技企业，实行核心技术、关键零部件出口限制。我们当前面临的外循环压力，不仅来自于出口，还来自于关键产品技术的进口。在"十四五"时期，要使得中国经济产业进一步升级，不落后于他人，就不能如过去一样依赖外界，要更多立足于自主创新。从国内看，中国经济经过十几年的转方式、调结构，经济结构发生了很大变化，已进入高质量发展阶段。如果我们要实现第二个百年目标，在进一步利用国际国内两个市场、两种资源之外，更多地要立足于国内需求，立足于国内自主创新和产业技术进步，支撑长远发展。因此，"双循环"有非常强的必要性和紧迫性。

中国的经济结构已经发生很大变化，实现"双循环"的可能性非常大。从供给角度看，经济行业中服务业比重接近60%，对经济增长贡献率远超工业。可以说，我国已经从工业主导型经济转向服务业主导型经济。从需求角度看，以往是投资和出口拉动经济增长，现在是内需拉动经济增长，在内需中消费的基础性作用日益凸显，我国经济发展已经形成主要靠内需消费的结构。在这种条件下，实现"双循环"，我国已有条件来构建完整的国内需求体系促进产业升级。

从需求看，中国超大规模的市场是最强大的优势。中国拥有14亿人口，4亿中等收入群体，新型工业化、城镇化、信息化的发展不断拓展市场需求。如果能够打通国内生产、流通、分配到消费的各个环节，需求潜力会进一步发挥出来，这不仅能够支撑中国经济更长远的发展，同时还可以带动世界经济的发展。

从供给看，中国的产业技术与西方国家的差距正在逐步缩小，在一些行业和领域赶上甚至超越他们。从学习技术进步而言，中国引进、消化、吸收再创新的道路，已经走到了尽头。未来，中国是否能摆脱西方的技术产业发展路径的限制，是否能在产业和技术中领先，引领世界的产业转型升级，决定了是否能使得中国企业实现 0 到 1 的突破，在全球产业转型升级方面走在前列。从以上几方面来看，构建以国内大循环为主体，国际国内"双循环"相互促进的新发展格局是完全可行的。

"双循环"并不是说我们要关起门来搞经济，而是为了更好地与国际的大循环打通，打造国际国内双循环。"双循环"是当前国际形势发展变化以及国内发展阶段转换以后，我们必须要走的下一步。"双循环"从供、需两端着力，比以往单纯扩大内需或者单纯供给侧结构性改革要更加全面。除此之外，体制改革问题、收入分配格局调整问题等，都是其中应有之意。

（《经济参考报》2020 年 8 月 25 日　钟才）

新发展格局下中国有望
对世界经济作出更大贡献

——访北京大学国家发展研究院名誉院长林毅夫

当今世界正经历百年未有之大变局。"十三五"收官、"十四五"将启之际，如何把握重要战略机遇期，于危机中育新机、于变局中开新局，确保中国经济航船行稳致远？

中国正构建以国内大循环为主体、国内国际双循环相互促进的新发展格局。如何准确把握新发展格局的意涵？仍处于并将长期处于重要战略机遇期的中国，可从哪些方面发力加快构建新发展格局？

构建新发展格局是战略抉择

"我国提出新发展格局，有人说，中国正走向封闭，是这样子吗？"刚坐定不久，林毅夫便抛出这样一个设问。

"当然不是。"他微笑道。

在他看来，理解新发展格局，首先要看到格局中既有"国内大循环"，又有"国内国际双循环"，前者为"主体"，后者则要"相互促进"。"不能片面理解，更不能把两个循环割裂开来。"

林毅夫认为，推动形成新发展格局是根据我国发展阶段、环境、条件变化提出来的，是重塑我国国际合作和竞争新优势的战略抉择，是必然的选择，也是共赢的选择。

他阐述道，过去中国发展更为倚重"两头在外"的国际市场，随着经济体量不断扩大、经济结构不断调整，中国对内需的依赖逐渐增强。数据显示，2019 年，消费对经济增长贡献率达到 57.8%，连续 6 年成为经济增长第一拉动力。

"从国际上看，经济体量越大、收入水平越高、服务业占比越高的国家，国内生产总值中有更多的（部分）在国内消化。"林毅夫说，我国 2006 年出口占 GDP 的比重超过 35%，随后逐渐下降，到 2019 年降至 17.4%。作为世界第一大和第三大经济体的美国和日本，出口占 GDP 的比重都在 10% 左右。随着我国收入水平、经济体量和服务业占比进一步提高，未来我国国民经济会更加依赖国内循环，这是一个自然而然的、渐进的转变过程，这个规律解释了为什么要以国内大循环为主体。

"我认为，新发展格局是一个实事求是、与时俱进的论断。"他说，我们要坚持供给侧结构性改革这个战略方向，扭住扩大内需这个战略基点，使生产、分配、流通、消费更多依托国内市场，但这并不是说国际循环不重要，我们依然要充分利用好两个市场、两种资源，依然要扩大开放、拥抱世界。

曾任世界银行高级副行长的林毅夫说，近年来，中国对世界经济增长的贡献率保持在大约 30%，在新发展格局下，一个依然开放、扩大开放的中国有望对世界经济作出更大贡献。

既要有效的市场，也要有为的政府

"新发展格局与新发展理念之间，有什么内在逻辑？"访谈中，记者问道。

"可以说，新发展格局是新发展理念的一种具体呈现。"林毅夫说，创新、协调、绿色、开放、共享的新发展理念可以用来指导解决构建新发展格局中的发展动力、内外联动、可持续、互利共赢等问题。

构建新发展格局，要以畅通国民经济循环为主。在林毅夫看来，这既需要有效的市场，也需要有为的政府，要发挥市场在资源配置中的决定性作用，更好发挥政府作用，二者缺一不可。

"政府与市场的边界怎么划？"他又抛出一个设问。

"我个人认为，市场有效以政府有为为前提，政府有为以市场有效为依归。"他说。

眼下，世界正经历百年未有之大变局，新冠肺炎疫情全球大流行使这个大变局加速变化。林毅夫认为，打通国民经济循环中的淤点堵点，更加需要有效的市场，更加需要有为的政府。

在他看来，目前产品市场基本比较畅通，要素市场还有不少有待改进的地方。比如，如何让金融活水更好服务实体经济？如何更好发挥土地功能支持经济高质量发展？这些课题需要不断探索研究。

持续用好改革开放的关键一招

"船到中流浪更急。怎么破浪前行？"林毅夫再次设问，并作出回答——"改革开放！"

他说，改革开放是决定当代中国命运的关键一招，放眼未来，要持续用好这关键一招。他从生产、分配、流通、消费等层面提出了自己的建议。

在生产层面，林毅夫提出"两个强化"的观点，即强化产业链供应链、强化区域一体化。

"我相信，任何技术，只要我们有决心，都能攻克。"他说，在强化产业链供应链方面既要注重以改革促创新，也要打开大门搞创新，在全球范围内更好配置资源、共享资源。

京津冀协同发展、长江经济带发展、粤港澳大湾区建设、长三角一体化发展、黄河流域生态保护和高质量发展……林毅夫认为，我国重大区域战略不断完善，也为深化改革、扩大开放提出了新课题、创造了新空间。

在分配层面，林毅夫认为，应该在一次分配中注重公平与效率的统一，在二次分配中更加注重公平，这需要继续完善市场在资源配置中的决定性作用，让各地能够充分按照比较优势来发展，也要深化财税体制改革提高政府二次分配的能力。

在流通层面，他认为，必须加快打通流通体系中的淤点堵点，充分利用压缩审批等方式降低制度性交易成本，消除跨地区的障碍。

在消费层面，他认为，要持续增强消费信心、改善消费预期，这既需要不断提高人民收入水平，也需要更加完善的社会保障体系。

"只要我们坚持做好自己的事，不断地改革、不断地开放，在发展的过程中不断突破瓶颈和障碍，打通淤点和堵点，我们可以实现高质量发展。"林毅夫说，"而中国的高质量发展，不仅有利于中国，还将有利于世界。"

（新华社北京 2020 年 9 月 20 日电

新华社记者 刘红霞）

在"大循环""双循环"中稳外贸稳外资

—— 访商务部国际贸易经济合作研究院院长顾学明

今年以来,新冠肺炎疫情全球大流行叠加世界百年未有之大变局,全球贸易和跨境直接投资遭遇"寒流"。面临外部不稳定性不确定性因素明显增多的情况,如何在危机中育新机、于变局中开新局?

外贸表现好于预期,但不可高枕无忧

"世界贸易组织预测,今年全球贸易可能缩水 13% 至 32%。您长期跟踪研究国际贸易,怎么看待这样的衰退?"记者问。

"应该认清,我国外贸发展面临的外部环境十分严峻。"他说,但我国当前的外贸发展比预想中表现得要好一些,四季度仍有望延续向好势头。

这股韧劲从何而来?顾学明分析,首先,我国迅速控制住疫情蔓延并率先推动产业链供应链上下游协同复工复产,众多外贸企业"能干活""有活干",为外贸回稳向好奠定了基础,同时也为支持全球抗疫和维护全球产业链供应链稳定发挥了积极作用。

其次,他认为,我国产业持续转型升级为外贸发展提供了一定支撑。从海关数据看,今年 1 至 8 月,我国集成电路、家电、手机和电脑出口增速分别达到 14.7%、14.1%、8.9% 和 8.4%。在劳动密集型产品出口相对疲软的情况下，高技术、高附加值产品出口增长表现可圈可点，弥补了部分"缺口"。

他还提到，外贸新业态新模式成为外贸增长的突出亮点，跨境电商、市场采购贸易等逆势增长，增幅均明显高于外贸整体增速。

海关数据显示，6月份以来，我国实现进口、出口双双正增长；出口自4月份以来，连续5个月正增长。

"对外贸形势持乐观态度，并不意味着我国外贸可以高枕无忧。"顾学明说，面对外部的不稳定性不确定性，企业更加需要雪中送炭。

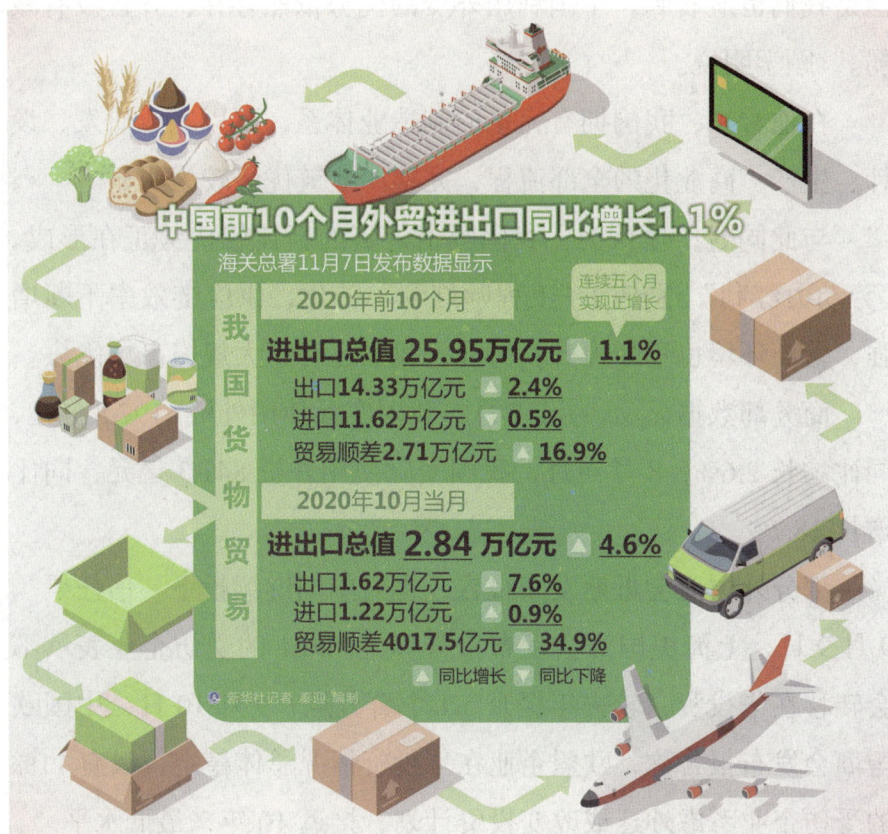

中国前10个月外贸进出口同比增长1.1%

海关总署11月7日发布数据显示

连续五个月实现正增长

2020年前10个月

我国货物贸易

进出口总值 **25.95万亿元** ▲ **1.1%**

出口14.33万亿元 ▲ **2.4%**

进口11.62万亿元 ▽ **0.5%**

贸易顺差2.71万亿元 ▲ **16.9%**

2020年10月当月

进出口总值 **2.84 万亿元** ▲ **4.6%**

出口1.62万亿元 ▲ **7.6%**

进口1.22万亿元 ▲ **0.9%**

贸易顺差4017.5亿元 ▲ **34.9%**

▲ 同比增长 ▽ 同比下降

新华社记者 秦迎 编制

他建议，加强海关、税务、外汇管理、银行和保险等部门协调，在出口退税、出口信贷、出口信保等方面更好地服务企业；引导外贸企业优化国际市场布局；综合运用交涉、磋商、谈判、法律抗辩和业界合作等方法，有效维护我国企业合法权益。

全球投资严重乏力，中国吸引外资仍具优势

与全球贸易所面临的困境类似，全球跨境直接投资今年同样遭遇重挫。联合国工业发展组织总干事李勇近期表示，受新冠肺炎疫情影响，今年全球跨境直接投资规模可能减少 40%。

"虽然当前引资无论是扩增量还是稳存量都面临着一定压力，但是我们也应看到，中国利用外资的优势依然存在，并且没有减弱。"顾学明说。

在他看来，我国拥有完备的制造业体系，可以完成研发、设计、生产、商业化的全部流程，完整产业链优势较为明显。

与此同时，他认为，我国吸引外资的新比较优势正在形成。"劳动力红利"逐步向"工程师红利"转化，供应链效率不断增强，营商环境也不断提升；另外，我国还有超大规模市场优势。

商务部数据显示，1 至 8 月，我国实际使用外资 6197.8 亿元，同比增长 2.6%；8 月当月，我国实际使用外资 841.3 亿元，同比增长 18.7%。

部分外国商会近期发布报告，也对中国继续投下"信任票"。9 月 9 日，上海美国商会发布报告称，78.6% 的受访企业表示不会转移在华投资，较去年提升 5.1 个百分点；9 月 10 日，中国欧盟商会发布报告称，欧盟企业在华投资情况总体稳定，只有 11% 的受访企业考虑外迁或改变投资计划，接近 10 年来最低水平。

深化改革扩大开放，畅通"大循环""双循环"

当前，我国正逐步构建以国内大循环为主体、国内国际双循环相互促进的新发展格局。顾学明认为，要在"大循环""双循环"中充分利用"两个市场""两种资源"，助推稳外贸稳外资。

应该看到，疫情之下，保护主义、单边主义、霸凌主义上升势头在一些经济体有增无减，经济全球化遭遇逆流。

"虽然当前全球化面临曲折挑战，但是从长期看，全球化仍然是大势所趋。"他说，越是形势严峻复杂，越要站稳脚跟，办好自己的事。

在他看来，我国具有稳住产业链供应链的优势条件，应该进一步深化改革扩大开放，提升中国对全球产业链的吸引力，加快培育新的经济增长点。

"我们要更加注重推进中西部地区改革开放，鼓励东部沿海的中外资企业向中西部转移，推动企业留得住、能共赢。"他说。

顾学明认为，在新发展格局下，要构建"以我为主"的全球供应链布局，积极统筹利用自身优势以及其他国家和地区的比较优势与市场空间，推进供应链的延展和升级，塑造高起点介入、高端环节延伸的国际分工新格局。

（新华社北京 2020 年 9 月 28 日电

新华社记者 刘红霞、王雨萧）

"双循环"缔结中国和全球联系新纽带

—— 访工银国际首席经济学家、董事总经理程实

程实日前在接受《经济参考报》记者专访时表示,"双循环"将从为全球经济金融提供"稳定锚"和为全球价值链升级提供"推进器"两方面缔结中国与全球体系的新纽带,跨越当前全球化所遭遇的深层阻碍。而加速这种新纽带的缔结,需要进一步推动中国金融市场的高水平开放。

"目前全球化的深层阻碍主要存在于两大层面,一是'老问题',过去数十年间,部分发达国家在获取全球化红利的同时,未能处理好内部的红利分配问题,导致贫富差距和社会矛盾不断扩大,推动内部民粹主义、外部保护主义的双重涨潮,进而从全球化的领导者转向'退群者';二是'新问题',新冠肺炎疫情使全球各国采取了更为严格的进出口检疫,拖慢运输、通关等环节。据世界银行测算,对于大部分贸易品而言,一天的延误就相当于加征超过 1% 的关税,这增加了全球化的成本。因此,面对疫情的长期威胁,低成本不再是供应链最重要的参考指标,稳定性正得到跨国公司的加倍重视,促使一些跨国企业将部分供应链回迁至母国。"程实表示。

他认为,"双循环"一方面将为全球经济金融提供"稳定锚",另一方面能为全球价值链升级提供"推进器",从而缔结中国与全球体系的新纽带,助推全球化跨越当前所遭遇的深层阻碍。

程实说,中国为全球经济金融提供"稳定锚"主要体现在三个层面:第一,从供给侧看,在中国防疫和经济政策的支持下,中国经济率先完成复工复产,对外出口表现超出市场预期。中国产业体系正在有效弥补疫情时代全球供给侧的短板,进而保障了全球供应链的持续运转。第二,从需求侧看,在全球经济深度衰退、总需求严重不足的大环境下,中国推出了一系列深挖内需潜力的改革政策,有望为全球经济提供宝贵的需求增量,并向外传导,加速区域和全球经济走出困局。第三,从金融侧看,人民币资产立足于经济基本面的稳健性和结构性机遇,在提供超额收益率的同时,保持与全球其他资产波动的低相关性,为全球长线资金提供了穿越波动的"压舱石"。

"双循环"还可为全球价值链升级提供"推进器"。程实表示,中国产业升级对全球科创扩散起到了加速作用。中国产业升级的过程也是核心技术自主研发能力提升的过程,有助于打破发达国家的技术垄断,加速区域科创合作,促使后发经济体更便利地享受技术扩散。作为全球价值链的枢纽之一,中国产业升级将以国际产能合作为纽带,拉动价值链下游经济体"雁阵式"的递进升级,推动新技术、新业态在价值链上的广泛扩散。同时,数字经济打开了国际分工的新渠道。在疫情严重阻滞全球货物贸易的背景下,数字经济通过居家办公、远程服务等形式,为跨国服务贸易和分工提供了新的空间。而通过物联网、5G 等数字技术的改造,全球价值链将更加具有灵活性和高效性,能够通过优化组织形式和弹性生产,抵减疫情时代的额外成本和不确定性冲击,从而使新的国际分工网络能够生存和发展。

"蹄疾步稳地推动中国金融市场的高水平开放,有望加速新纽带的缔结。"程实表示。他说，对内而言，伴随国际资本流入和市场准入放宽，国际金融机构将加速进入中国市场。全球竞争者的涌入将激活"鲶鱼效应"，加快国内金融行业对资产定价、风险管理、资金融通等核心能力的提升，进而在宏观层面优化"内循环"中的资源配置。专业化的机构投资者将逐步成为资本市场的主导力量，引导交易行为和市场预期趋于理性和多元化，为市场长期繁荣提供微观基础。

对外而言，基于金融市场的更高水平开放，中国经济"内循环"亦有望把握"外循环"的重塑机遇。在全球疫情中，中国将为全球经济金融提供稀缺的"稳定锚"，与国际伙伴共享双赢机遇。中国经济金融有望更加主动地参与全球价值链条、经贸体系和治理格局的重塑优化，从根本上规避脱钩风险、改善外部环境、防范外溢冲击。

（新华社北京 2020 年 9 月 29 日电

新华社记者　张莫）

知识链接

鲶鱼效应是指鲶鱼在搅动小鱼生存环境的同时，也激活了小鱼的求生能力。鲶鱼效应是采取一种手段或措施，刺激一些企业活跃起来投入到市场中积极参与竞争，从而激活市场中的同行业企业。

谋划新格局　开拓新机遇

——访中国社会科学院副院长蔡昉

新形势下，中国经济面临诸多内部和外部挑战，需要进一步挖掘经济发展的潜力和空间。如何看待当前面临的挑战？如何拓展经济发展空间、稳定就业保障民生？

一个趋势两个转折　新格局应对新挑战

"第一个季度我们经济增长速度是负的，但由于我国率先控制住了疫情，现在已进入一种常态的状态。因此，我们随后的经济恢复也就比较快，二季度经济增速转正，预计全年经济为正增长。"采访伊始，蔡昉如是说。

对于中国经济未来面临的挑战，长期从事中国经济问题研究的蔡昉用"一个趋势、两个转折"来概括。

"总的来看，全球化进入了一个新阶段，也遭遇了逆全球化的潮流。"蔡昉说，国际经济"长期停滞"将成为常态，"不能期待世界经济在短期内会有很强的反弹，会为中国创造很多机会，这是一个巨大的变化"。

从国内看，中国面临老龄化挑战。一个转折点出现在2010年，劳动人口减少，劳动力短缺，劳动密集型制造业优势逐渐丧失；另一个转折点预计出现在5到10年内，中国人口将达到峰值，进入负增长。这可能导致需求侧变化，消费需求会受到冲击。

应对挑战，需要全局战略。在蔡昉看来，以国内大循环为主体、国内国际双循环相互促进的新发展格局，是将国内大循环和对外开放有机结合的发展格局。

"双循环的新格局实际上是我们传统比较优势的一个拓展，是我们应对未来挑战的根本出发点，能为我国'十四五'时期创造新的发展机遇。"蔡昉说。

他认为，双循环新格局的用意在于，既要关注供给侧，也要关注需求侧；关注外需、投资需求、消费需求的平衡，注重挖掘消费需求的巨大潜力，提高人民的收入水平，改善收入分配，加大再分配力度。

扩消费拓优势　再造经济发展空间

面对变化，中国经济如何"逆风起舞"？蔡昉说，首先要牢牢把握我国价值链的比较优势，继续保持对外开放。

同时，中国是一个大国，区域之间有发展差距，资源禀赋有很大不平衡，因此，可以打造国内版"雁阵模型"，使得产业从沿海地区转移到中西部地区能有更长调整时间，实现产业升级。

"中国拥有14亿人口，其中有4亿中等收入群体，这本身是一个庞大的市场，未来是一个潜在的更庞大的消费市场，这一巨大优势使得贸易伙伴、投资者在决策中给予更高的权重。"蔡昉说，"十四五"期间应当继续改善收入分配，进一步减小区域差距、城乡差距及居民享受基本公共服务的差距。

蔡昉提出，我国新型城镇化有着巨大的发展潜力，对扩大消费和经济增长将产生巨大的促进作用。

蔡昉列举了一系列数据来说明我国未来城镇化的发展空间：

答疑解惑

雁阵模型是日本经济学家赤松要总结的。所谓雁阵模型,其实就是进口替代战略与出口导向战略的有机结合,最大特点就是通过进口的发展来提高本国的技术水平,从而提高生产能力,东亚国家和地区就是这一模型的典型例证。东亚发展中国家为了尽快缩短与发达国家的差距,只有通过进口技术或设备,通过消化吸收来发展国内市场。当国内市场得以发展时,再结合本国廉价的劳动力、资源与国际市场需要开发国外市场。这种从进口到生产再到出口的发展模式,颇有些神似三只大雁飞行,于是称其为雁行形态发展模式。

中等收入偏上国家的平均城镇化率为 66%,而我国 2019 年末常住人口城镇化率升至 60.6%。与同等发展阶段国家相比,我国城镇化还有约 6 个百分点的提高空间。此外,我国户籍人口城镇化率与常住人口城镇化率还有约 16 个百分点的差距。

"不论在一线城市、二线城市,还是在近 3000 个县级行政区划单位,我国城镇化发展都有巨大的空间。"蔡昉说,现在是推动新型城镇化的最好时期,其核心是以人为中心,让农民工落户城镇。

稳就业保民生 增强就业政策措施针对性

就业是最大的民生。蔡昉说,我国经济恢复在加快,今年全年就业目标可以完成。

"受新冠肺炎疫情影响,有一些企业还没有恢复过来,此时应加大经济活力，加大创业力度，不断创造新的就业机会。要继续改善营商环境，增强就业政策措施的针对性、精准性。"蔡昉说。

在应对疫情冲击的过程中，我国推出了很好的财政支持方式，如2万亿元中央新增财政资金直达市县基层、直接惠企利民。蔡昉说，这一做法应该常态化。财政支持资金应该对着最基层，直接对准企业，并直接到人，加大低保、社保、失业等补贴和发放，保持家庭收入稳定、能继续消费。"消费是企业复苏的关键，也是经济复苏的关键。"

重点群体稳，则就业大局稳。蔡昉说，要进一步发展农村产业，包括农业农产品加工业和其他的相关产业，帮助农民在家门口创造就业机会，保持其收入增长，这是巨大的挑战和机遇。此外，要加大就业扶贫的力度，对有特殊困难的贫困劳动力要用社会政策托底保障。

对于今年高校毕业生的就业，蔡昉说，疫情影响下，会有补偿性消费、替代性消费和诱发性消费三个新的消费点，这会给大学生就业提供新的机会，各地应把就业扶持政策落实到位，改善其创业就业条件。

对于经济社会发展中突然发生的"黑天鹅"事件和可能出现的"灰犀牛"事件，蔡昉认为，要坚持"底线思维"，对危机的发生随时有所准备。"防范疫情常态化，防控越好，经济社会恢复也就越好。"

（新华社北京2020年9月29日电

新华社记者　王优玲）

如何构建新发展格局

如何以国内大循环为主体
构建"双循环"新格局

黄奇帆

习近平总书记在参加全国政协十三届三次会议的经济界委员联组会时指出，面向未来，我们要把满足国内需求作为发展的出发点和落脚点，加快构建完整的内需体系，逐步形成以国内大循环为主体、国内国际双循环相互促进的新发展格局，培育新形势下我国参与国际合作和竞争新优势。

新形势下，总书记的这一论述不是简单地针对当前产业链供应链因疫情而中断所采取的权宜之计，而是在中国经济迈向高质量发展关键阶段的强国方略；不是因个别国家企图与我脱钩、对我围堵而被动地内敛收缩，而是筹划以更深层次的改革、更高水平的开放加快形成内外良性循环的战略抉择。

站在世界百年未有之大变局的历史关口，展望"十四五"，构建完整的内需体系，要以稳定市场预期、提高社会资本投资积极性为着力点，以供给侧结构性改革为主线，提高资源配置效率；要以就业扩大和居民收入的持续提高为基础，须更好发挥政府在扩大内需、维护市场中的作用。在开放经济条件下，不能仅仅就内需谈内需，须形成内需外需兼容互补、国内国际双循环相互促进的新格局。

新形势下，构建国内大循环为主体、国内国际双循环相互促进的新发展格局，需要深化改革，尽快疏通影响国内大循环的堵点，促进国内经济高质量发展。

打通支撑科技强国的全流程创新链条

在美国频频打压中兴、华为并对我实施"科技脱钩"的背景下，加快推进创新驱动发展战略，增强科技竞争力已刻不容缓。这就需要补短板、强弱项、激活力，打通支撑科技强国的全流程创新链条。

创新活动从无中生有到产业化，大致可分为三个阶段。做好创新驱动，关键是针对创新的三个阶段分类施策，分别予以财力资本和金融资本的投入。

第一阶段是"0—1"，是原始创新、基础创新、无中生有的科技创新。这是高层次专业人才在科研院所的实验室、在大专院校的工程中心、在大企业集团的研发中心搞出来的，需要的是国家科研经费、企业科研经费以及种子基金、天使基金的投入。这方面我们有很大短板：尽管我国全社会研发投入已经占到 GDP 的 2.2%，总量在全世界排第二，但投向较为分散；一些需要长期投入的基础研究领域（如为核高基提供支撑的领域）缺乏足够投入，基础研究投入占比长期徘徊在 5% 左右，与世界主要创新型国家多为 15%—20% 差距较大。建议集中优势资源补短板、加大基础研究投入，在未来五年内将基础研究投入占研发经费的比重由 5% 提高到 15% 左右的水平，并在以后年份继续逐步提高。

创新的第二阶段是"1—100"，是技术转化创新，是将基础原理转化为生产技术专利的创新，包括小试、中试，也包括技术成果转化为产品开发形成功能性样机，确立生产工艺等。这是各种科创中心、孵化基地、加速器的主要业务。建议学习借鉴国际经验，从创新规律出发，调动各类智商高、情商高、有知识、肯下功夫钻研又接地气、了解市场的人，培育发展一批技术转移机构和技术经理人，强化"技术开发利用"这一弱项。

创新的第三阶段是"100—100 万"，是将转化成果变成大规模生产能力的过程。比如一个手机雏形，怎么变成几百万台、几千万台最后卖到全世界去呢？既要有大规模的生产基地，这是各种开发区、大型企业投资的结果；也要通过产业链水平整合、垂直整合，形成具有国际竞争力的产业集群。这个阶段的金融服务重点是各类股权投资机构跟踪投资、企业 IPO 上市或者大型上市公司收购投资以及银行贷款发债融资等。这就需要发挥资本市场的作用，力争将科创板打造成能与美国纳斯达克相媲美的资本市场，以科创板为龙头激活全流程创新链条，进而掀起全社会开展大规模科技创新活动的高潮。

加快新基建引领第四次工业革命

新基建作为数字经济、智能经济、生命经济这些人类未来文明的技术支撑，不仅本身将带来几万亿元甚至十几万亿元的投资需求，还将通过数字经济产业化、传统产业数字化、研发创新规模化而产生不可估量的叠加效应、乘数效应。

新基建有助于推动数字经济产业化，形成万亿级自成体系的数字化平台。新基建涉及的信息基础设施如 5G 网络投资、大数据、人工智能、物联网、云计算、区块链等本身将带来天量投资。预计 2020—2025 年期间，我国 5G 商用将直接带动经济总产出 10.6 万亿元，直接创造经济增加值 3.3 万亿元。建议对新基建投资和运营企业所得税参照高新技术企业享受 15% 的税率。

新基建有利于助推传统产业数字化，形成具有颠覆意义的产业互联网。全球目前有 60 余个万亿美元级的产业集群，可与数字化结合，实现数字化转型。根据测算，如果仅在航空、电力、医疗保健、铁路、油气这五个领域引入数字化支持，假设只提高 1% 的效率，那么在未来 15 年中预计可节约近 3000 亿美元，平均每年约 200 亿美元；如果数字化转型能拓展 10% 的产业价值空间，每年就可以多创造 2000 亿美元以上的价值。产业互联网领域是一个巨大的蓝海，今后互联网数字经济中的高价值企业将主要产生于产业互联网系统。

新基建有助于完善中国创新体系，推动引领第四次工业革命。在新冠肺炎疫情深度冲击全球经济的大背景下，唯有科技、唯有创新才是走出危机、赢得主动的治本之道。加快新基建建设，特别是加快布局一批大科学装置和大试验平台为代表的创新基础设施，同时辅以科技创新体制改革的深化，将有助于打造基础研究、区域创新、开放创新和前沿创新深度融合的协同创新体系，有助于进一步激发全社会创新创造动能，有助于中国引领第四次工业革命。

疏通政策性梗阻以新需求消纳产能

过去几年，持续推进的供给侧结构性改革在化解部分行业的过剩产能方面取得了显著进展，国民经济大循环的水平和质量得到了显著提升。疫情冲击之下，一些传统行业可能会出现新的产能"过剩"，对此，不能再施以强行去产能的手段，而应考虑通过适度调整政策、创造新的需求来释放这些"过剩"产能。毕竟产能过剩总是相对的，是受制于特定的技术和制度环境。环境变了，供需条件也自然会发生变化。

比如，钢铁行业。2019 年全国生铁、粗钢和钢材产能分别为 8.09 亿吨、9.96 亿吨和 12.05 亿吨，同比分别增长 5.3%、8.3% 和 9.8%，已有再度过剩的迹象。在生产端，经过上一轮"去产能"淘汰，现存产能在世界上都算是比较先进的；在消费端，钢铁在建筑结构上的使用量却只有 7%—8%，而欧美等国家（地区）这一比重为 40% 左右。现在我国每年新建十多亿平方米的房屋，如果能在建设标准中适度提高房屋用钢比重，甚至推广使用钢结构建筑，一年可以多使用 1 亿多吨钢材，有助于消纳这些产能。而且，钢结构房屋寿命远超钢筋混凝土房屋。提高建筑用钢标准、推广使用钢结构，可以大幅提升房屋质量、延长房屋寿命，形成废钢炼钢的循环经济，也有利于抗震减灾，一举多得。

再如，汽车行业。2019 年我国汽车产销分别完成 2572.1 万辆和 2576.9 万辆，尽管产销量继续蝉联世界第一，但同比分别下降了 7.5% 和 8.2%。根据世界银行的数据，2019 年每千人汽车拥有量美国为 837 辆、马来西亚为 433 辆，中国仅为 173 辆。汽车消费市场前景广阔，之所以出现消费不振，一个重要原因在于我们有很多限制汽车消费的政策。在一些地方，老百姓明明有很强的购车需求，却因为限号、限牌政策而买不了车。如果放开汽车消费，使得中国能达到发达国家 50% 的水平，一方面可以满足市场消费需求，另一方面可以倒逼城市改造交通设施，扩建立体停车库。事实上，现在一些城市写字楼已经出现产能过剩，而楼房型的立体停车库几乎是空白，如果能将部分过剩的写字楼改造成立体停车库，既拉动了消费，又平衡了市场。

再比如，能源化工行业。2019 年，中国进口原油 5 亿吨，对外依存度达 70.8%；进口天然气 9660 万吨，对外依存度达 43%。未来几年油气对外依存度还可能继续升高。这么高的对外依存度始终是国家能源安全的重大隐患。这些进口的原油天然气有大部分用于生产各种化工产品。而我国有世界上储量最为丰富的煤炭，每年的煤炭产能 50 亿吨，实际产量 40 亿吨左右，似乎是"过剩"的。鉴于煤炭是天然的化工原料，建议对未来新增的炼化原油以煤炭来替代，发展煤化工、煤制油、煤制气，而不是简单用来发电。神华集团等大企业已经具备了这个能力，如果增加 8 亿—10 亿吨煤化工原料，就可以每年减少 2 亿—2.5 亿吨的石油进口，既可以消纳煤炭产能，又可以降低石油天然气对外依存度。建议引导相关领域有实力的央企民企进入该领域，用持续不断的资本投入来发展煤炭清洁利用技术，以技术进步和管理创新将这条技术路线的综合成本降下来、降得更有竞争力。

加快形成纺锤形收入分配格局

2019 年我国人均 GDP 已经突破 1 万美元大关，意味着中国即将跨越中等收入陷阱，但仍处于爬坡过坎的关键阶段，4 亿中等收入群体和 6 亿中低收入群体并存。疫情冲击之下，需要多措并举刺激消费、促进就业、提高保障，进一步做大中等收入群体、缩小中低收入群体，加快形成纺锤形收入分配格局。

降低个人所得税，刺激个人消费。我国个人所得税实行七级累进、最高 45% 的所得税税率，在全世界算是较高的。我国每年的个人所得税占全部税收收入的比重为 7%，大大低于发达国家 20%、发展中国家 15% 的比重，甚至比俄罗斯都要低。之所以这么低，一个重要原因是高边际税率下，很多私营企业主在企业不领工资，而是将收入留在企业转成按 25% 的税率交企业所得税；一些高收入人群要么移民要么将企业迁到香港、新加坡等地以避税。按照国际惯例，个人所得税税率应该小于或等于企业所得税税率，现在企业所得税税率降到 25%，个人所得税最高边际税率也应由 45% 降到 25%，相应的级次税率也应下降。此举不仅不会减少税收总量，反而会扩大税基，刺激消费，形成税收总量的增加。

稳定小微企业所得税优惠政策，助力保民生保就业。80% 的小微企业吸纳了 70% 的就业。2018 年，国家有关部门针对小微企业出台了持续三年的所得税优惠政策。对年应纳税所得额低于 100 万元（含 100 万元）的小型微利企业，其所得减按 50% 计入应纳税所得额，按 20% 的税率缴纳企业所得税；优惠时间自 2018 年 1 月 1 日至 2020 年 12 月 31 日。在当前广大小微企业因疫情冲击，生存面临空前压力的情况下，考虑到以国内大循环为主的战略需要，建议将疫情之前的这一政策，转变为基础性制度甚至上升为法律，以此来放水养鱼，稳定预期，以新的就业带动更多就业，进而推动经济向好的循环方向发展。

盘活农村建设用地，增加农民财产性收入。6 亿中低收入人群主要分布在农村。与城市居民可以拥有产权清晰、逐步升值的住宅等财产不同，农民因集体土地产权模糊、市场化交易困难而无法享受相应的财产性收入，这也是近年来城乡居民收入差距扩大的主要原因之一。要缩小城乡收入差距，最为直接的着力点就是通过深化改革，将附着在宅基地、集体经营性建设用地等上的财富转化为可以交易的财产，以此增加农民更多财产权利。

增加社会事业支出，逐步提升社会保障水平。2019 年全国居民人均消费支出 21559 元。其中，居住、医疗保健、教育文化娱乐三项支出合计占人均消费支出的 43.9%，比 2015 年提高了 3.7 个百分点，制约了居民消费水平的提升。为此，政府应增加住房、教育与医疗等方面的财政支出，以换取居民在这些领域减少支出，将节省的部分用于其他消费。比如，可通过增加大城市的保障房供给，提升公租房在城市住房中的比重，稳定商品房的房价（房租）；尽快将学前教育纳入到公共服务范围，将义务教育拓展到高中阶段；加大力度鼓励学生报考医疗卫生专业，减免学费，大幅增加医护人员供给，以应对因中国老龄化慢病化加重而产生的医护服务供给短缺等。

培育区域发展新增长极和动力源

形成国内大循环离不开区域协调发展。在新形势下，中东部地区要通过城市群都市圈建设进一步增强中心城市和城市群等经济发展优势区域的经济和人口承载能力；西部地区要跳出现有资源禀赋约束，应用高新科技寻找创新发展的突破口，进而促进形成优势互补、高质量发展的区域经济布局。

在中东部地区要重点规划建设好城市群都市圈。高瞻远瞩、科学合理的发展规划是发挥城市群都市圈基础设施的综合效益，促进相互协同进而优化资源配置的前提，是看不见的"经济学"。

特别是京津冀、长三角、珠三角、长江中游等地区已经开启了大都市圈、城市群的发展过程，其中的红利将高达数十万亿级。这就需要合理安排城市群内部结构，形成以超级大城市、都市圈、城市群多重嵌套、分工协作的新格局；采取"多中心、组团式"策略合理布局中心城市功能集聚区；注重以联通高效、无缝对接的综合交通网络降低城市"人流""物流"综合成本。

在西部地区，要创新工作思路，用新技术新应用的系统工程谋求新发展。西部大开发二十年来取得了重大进展，但发展不平衡不充分问题依然突出，巩固脱贫攻坚任务依然艰巨，与东部地区发展差距依然较大。仅靠改制度而不改技术，资源禀赋格局依旧，发展落差缩小步伐较慢。

新形势下谋划西部地区发展需要超常规的思路。比如，西部土地多，人口少，发展农业不宜采用沿海那种劳务密集型的模式，而应发展高技术、工程化、企业型的新模式。建议学习以色列和新加坡经验，在有条件的地方利用大棚滴灌、立体种植和无土或少土栽培等技术发展新型戈壁农业，将广阔的戈壁滩改造成超大规模的蔬菜粮食生产基地，并通过中欧班列输送到欧洲或内地中东部。假设这样的农业搞10万平方公里（1.5亿亩，每亩1万元产值），将会产生1.5万亿元的产值。同时，这相当于增加了1.5亿亩耕地，可以将因此而形成的耕地指标卖给东部地区，既筹集了资金，又为东部城市群都市圈建设增加了用地指标，一举两得。再比如，西部水光风电资源丰富，可以通过发展抽水储能、化学储能、特高压电网输送等技术，平衡此类能源的峰谷差，努力将这些地区富余的电力输送出去。还可在西部就近布局云计算数据中心，通过"东数西算"为东部提供低成本的云计算服务。总之，要通过这些新的技术手段和系统工程发展思路将西部地区富余的清洁能源开发出来，进而转变为西部乃至全国高质量发展的物质支撑。

加快构建高标准市场体系

深化要素市场化配置改革。《中共中央 国务院关于构建更加完善的要素市场化配置体制机制的意见》，提出许多生财型、聚财型和资源优化配置型改革，既具有针对性和前瞻性，又具有极强的战略意义。这些措施有利于提升要素流动性，有利于引导各类要素协同向先进生产力集聚。特别是在当下，这种不花钱或少花钱却又能带来巨量红利的改革不仅符合经济社会实际，也有利于复工复产、激发企业活力、重启经济循环。

加快组建国有资本运营公司。建议加快落实十八届三中全会提出的"组建国有资本投资、运营公司"的有关要求，可以考虑从现有产业型国有资本投资公司总盘子中划转出价值10万亿元左右的股权资产来组建若干个国有资本运营公司，让这些运营公司像新加坡淡马锡公司或美国巴菲特的投资公司或者像私募基金那样专注另类投资、股权投资。如果这10万亿元的投资能实现年化回报10%，每年就会有1万亿元左右的收益，可以为国家安全、公共服务等领域提供持续稳定的资金来源，而不用增加财政负担。从工商产业类退出的10万亿元资本可以为民营经济腾出更大的市场空间，打通国有经济与民营经济的资金循环，有利于推动混合所有制改革、激活经济全局。

推进物流运输体制改革。中国全社会各种物流成本占到GDP的15%，而美国只有GDP的7%，物流成本偏高已是社会共识。

其中一个重要原因是铁路运量比重低，目前仅占总运量的 9.5%。一般来说，铁路运输成本是高速公路成本的 1/3，如果把铁路运量比重提高到 15%—20%，将有效节约物流成本。为此，建议围绕提高铁路运输货运量比重，将铁路线尽快延伸到各类开发区、厂矿企业，打通铁路运输"最后一公里"；将原来的普快调整为货运专线，提升利用率；在一些交通枢纽深化改革、提升多式联运效率；推进新一代信息技术在交通运输中的应用，建设人流物流信息流多流集成、高效畅通的智慧交通。

中国是拥有 14 亿人口、4 亿中等收入群体的超大市场，市场是我们的王牌。在开放经济条件下，内需的形成和有效供给也依赖于国际产业链、供应链的畅通和协同。当前，在全球贸易保护主义、单边主义抬头和疫情冲击全球经济大背景下，形势越困难，就越是要保持开放、扩大开放，在变局中开新局，以高水平开放反制逆全球化、以改善营商环境反制"撤资论"、以超大市场的吸引力反制"脱钩论"，加快形成于我有利的国际经济大循环。

中国开放的大门只会越开越大。促进更高水平开放的措施更着眼从"制度性、结构性"层面，会在更广领域扩大外资市场准入，更大力度加强知识产权保护国际合作，更大规模增加商品和服务进口，更加有效实施国际宏观经济政策协调，更加重视对外开放政策贯彻落实。

当前，须加快引资补链扩链强链，为全球提供稳定高效的产业链供应链；发挥中国超大规模市场优势，加快构建"一带一路"合作创新网络；稳步降低关税水平，适度增加进口，提升我国在世界经济舞台上的话语权；抓住机遇加快 FTA 谈判，积极参与国际经贸规则谈判和制定；以建设自贸区自贸港为依托，拓展开放的高度、深度和广度。

因为疫情，世界经济陷入衰退。但人类全球化的方向不会变，资源优化配置有利于各国发展的内涵不会变。全球化本身是螺旋式发展的，是在遇到问题、解决问题中前进的。凡是能在历史的螺旋式发展中、解决产业更迭问题中担当责任的大国一定是顺应世界潮流的伟大国家。那种以邻为壑搞脱钩、推卸责任拼命甩锅、搞单边主义和逆全球化的做法是在开历史的倒车，注定不会成功。我们坚信，中国正在塑造的以国内大循环为主体、国内国际双循环相互促进的新格局必将推动我国开放型经济向更高质量发展，推动全球化朝着更深领域演进。

（作者系中国国际经济交流中心副理事长

《瞭望》2020 年第 29 期，2020 年 7 月 23 日）

知识链接

纺锤形社会是社会收入结构的一种形式，也称"橄榄形"社会，是指高收入、低收入者较少，中等收入者占大多数的社会结构。

释放数据要素潜能构建"双循环"新格局

杜 宁

中央近日明确提出,加快形成以国内大循环为主体、国内国际双循环相互促进的新发展格局,更多依靠科技创新,实现稳增长和防风险长期均衡。数字经济作为科技创新的产物,是近年来增长最快的领域,在疫情冲击中以新产业、新模式、新业态迅速补位,有效支撑了企业复工复产,保障了人民正常生活。未来数字经济将持续发挥战略性新兴产业优势,不断培育新的增长点、增长极,成为我国构建双循环新格局的重要支撑。

数字经济成为双循环重要支撑

知识链接

以信息技术为核心的数字经济,正打破传统的供需公式,推动构建更加开放协同的新生态,助推高质量发展。数字经济代表活力、潜力、创新力。当前,全球经济正处在大调整、大变局中,世界主要国家纷纷布局数字经济。拥有良好经济基本面、厚实产业基础、广阔市场空间的中国,有望抓住变革机遇,在数字时代重塑竞争力。中国信息通信研究院最新发布的《中国数字经济发展白皮书(2020年)》显示,2019年,我国数字经济增加值规模达到35.8万亿元,占GDP比重达到36.2%。企业数字化研发设计工具普及率和关键工序数控化率分别达到71.5%和51.1%,产业数字化增加值占数字经济比重达80.2%,制造业成为数字经济"主战场"。

推动国内大循环，核心是发挥国内超大规模市场优势，构建完善的内需体系，包括居民、企业、政府的消费和投资等。在高质量发展的背景下，消费和投资主要体现为消费升级和高效投资，其中数字经济的优势和动能十分明显。

从消费看，疫情常态化加快了企业产业数字化、智能化转型的进程，电商行业成为疫情期间消费增长的重要动力，直播电商、电商助农等线上消费新趋势效应凸显。数据显示，2020年1—5月，全国网上零售额同比增长4.5%，成为上半年我国经济增长的核心动能；从投资看，在传统基建投资边际效益下降和产业渗透率下降的情况下，政府迅速做出加速推进新基建的战略抉择，既加快培育未来发展新优势，做好数字转型、智能升级、融合创新等新型基础设施准备，又有效发挥集中力量办大事的制度优势，以创新引领的投资扩大投资内需战略，保障经济稳定增长。

双循环不是关起门来搞封闭运行，要充分培育新形势下我国参与国际合作和竞争新优势。从全球看，我国数字经济发展处于世界前列，相关产业配套能力已达到世界领先水平。超大规模内需市场容易形成规模经济，这也是我国数字经济的天然优势，相关经验积累也必然成为数字经济发展的中国智慧。通过相关基础设施建设和数字经济发展能力输出还可增强全世界范围内数字经济可及性。

数据要素在新发展格局中发挥关键作用

数据作为生产要素，和一般生产要素相比有着其自身特点。比如，数据的复制成本低，几乎可无限被复制；使用没有排他性，可同时被多方使用；可再生性强，在使用过程中会随时生产出新的数据。数据的这些特点也成为明文数据生产要素化的掣肘因素。因为明文数据一旦共享便无法控制其用途和用量，即无法阻止数据被滥用，致使各方不敢共享、不愿共享、不能共享数据。这也是导致目前各行业普遍存在"数据孤岛"的根本原因。

数据安全融合技术的快速发展（包括多方计算、联邦学习、数据脱敏、差分隐私、可信执行环境等），为上述难题提供了较好的解决方案。特别是多方计算技术，我国在相关工程化实践方面已取得达到世界领先水平的研发突破，能直接以密文数据进行融合计算，实现数据"可用不可见，且按规定用途和用量使用"。借以数据安全融合技术，数据要素的价值可被划分为信息价值和计算价值，计算价值作为数据特定用途的使用权，将成为数据流通的主要形式。通过无边界的数据融合，数据将从"手工作坊阶段"进入"社会化大生产阶段"。

随着劳动等传统要素的成本优势变化，数据作为新兴要素，将在双循环新发展格局中发挥关键作用，充分发挥对其他要素效率的倍增作用。推动数据要素的创新使用，需推动数据要素市场化配置改革，相比其他要素市场改革的复杂性，数据要素相关制度处于探索初创阶段，通过"数据可用不可见"使用方式，可不打破现有数据分配格局，利于改革快速推动。

充分释放数据要素潜能

以数据要素流通打通国内大循环具有广阔空间，通过数据支撑国内消费潜能精准释放、投资效能精准提高。一是以数据要素支撑全方位客户精准画像，有效满足居民个性化消费需求，释放消费优势动能；二是推动数据要素支撑生产环节数字化改造，推动工业加速实现智能感知、精准控制的智能化生产；三是推动区域协调发展，数据要素在东中西部之间跨域流通，实现东部互联网、大数据、人工智能等先进产业链延伸到中西部，帮助实现后者产业升级；四是发挥体制优势，撬动政府在数据基础设施等领域投资优势，构建政府主导的公益性数据要素平台，赋能中小微企业数字化转型；五是"数据算力跑"，既实现"原始数据不跑"，规避数据泄露权责利风险，又"代替群众跑"，全面优化政务工作流程，以服务型政府推进国家治理体系和治理能力现代化。

基于数据要素全面流通的国内大循环，可引领带动数据要素国际循环，实现数据价值全球优化配置。我国可围绕各界正常的数据跨境诉求，积极推动中新、中韩等建立数据要素高效融通的基础设施。以示范性、引领性和标志性的试点项目，推广数据要素价值释放的跨境新模式，更好地形成数据要素在全球各地、各国各企业之间的价值流动。

（作者系中关村金融科技产业发展联盟副理事长

《经济参考报》2020 年 9 月 1 日）

畅通"双循环"需在六个方面着力

王 军

"双循环"作为当前最为重要的治国方略，是中央基于当前国际环境和国内形势所作出的重大判断，其背后的清晰逻辑链条是：基于大变局，面向中长期，立足持久战。形成"双循环"，既要解决内需循环不畅的问题，也要通过更大力度的开放和自主创新解决核心技术领域"卡脖子"的问题。目前来看，形成"双循环"新发展格局还需要突破多方面的制约和障碍。

一是有效需求不足。在经济循环的生产、分配、流通、消费四个环节中，最大的瓶颈是分配和消费，及其背后的收入。二是受疫情冲击和影响，不少企业出现短期经营困难和盈利下降。三是高房价阻碍居民消能费力的提升。四是新冠肺炎疫情在海外反复与全球经济衰退影响中国外需。目前，海外疫情仍在发展，流行病专家警示，疫情可能在冬天卷土重来等，这些不确定性因素均会对经济反弹构成威胁。国际货币基金组织6月对2020年全球增长率的预测为 −4.9%，比4月低1.9个百分点。五是国际间的战略博弈和摩擦恐将常态化。自2018年以来，国际经济冲突在贸易、投资、科技等领域的演进比较激烈，未来产生冲突的领域将有进一步泛化的可能。

针对上述制约形成"双循环"新发展格局的诸多问题，应多方着力加以破解。

一是将稳步增加居民收入、激发消费作为经济发展的重要引擎。提高收入是稳消费和形成"双循环"的核心与根本。在即将到来的"十四五"时期，非常有必要继续制定"居民收入倍增计划"并将之列入"十四五"规划和2035年远景规划。该计划可分为两个阶段来实施，每阶段15年，每15年实现一倍增。在提高收入的基础上，未来应重视培育以下消费热点：高端消费海外回流、新型消费、服务消费，以及由都市圈和城市群建设带动的升级型消费。

二是着眼长远，积极扩大有效投资。扩大有效投资的主要投向应当是那些对经济社会发展具有战略性意义、有利于形成新的经济增长点、加强薄弱环节的领域。比如，以"云大物移"、人工智能等为代表的战略性新兴产业，以及乡村振兴、公共卫生、健康养老服务以及生态环保等领域，以便充分发挥固定资产投资在经济复苏中的关键性作用。

三是加快科技创新，发展进口替代产业，推动制造业转型升级。为逐步解决关键核心技术"卡脖子"问题，应加快技术攻关和创新步伐，培育壮大供应链中的关键企业，提高产业链中关键环节的技术水平，维护产业链、供应链安全，巩固和提升中国制造业在全球产业链中的主导地位。特别是，要重视发展以数字经济为代表的战略性新兴产业，注重用"四新"经济手段，改造提升传统产业，加快新动能的培育，促进经济结构的优化合理及转型升级。

四是以大都市圈和城市群为主轴，推动形成优势互补、高质量发展的区域经济发展战略布局。要发挥各地区的比较优势，消除市场壁垒，促进要素合理流动和高效集聚；加强传统基础设施和新型基础设施投资，打造若干世界级创新平台和增长极，增强中心城市和城市群等优势区域的综合承载能力，提升其辐射带动作用；健全区域协同发展机制，补齐困难地区和农村地区在公共服务、基础设施、社会保障等方面的短板，促进发达地区和欠发达地区共同发展。

五是应保持宏观经济政策的相对平稳，不应轻言退出。从财政政策的角度看，将财政政策落实得更有针对性，在经济复苏不平衡的情况下，通过财政政策促进消费的增长。从货币政策的角度看，经济复苏基础仍很脆弱，消费增长乏力，还需要维持对政府以外的信贷规模平稳增长，以支持"双循环"的实现。再从利率的角度看，应该还有降低利率水平的余地。物价逐步走低有利于下调利率，金融让利需要下调利率，保持政府债务和企业债务的可持续性也需要下调利率。

六是以制度型开放为抓手，推动更大范围、更宽领域、更深层次的对外开放，推动由商品和要素流动型开放向规则等制度型开放转变，提高开放条件下经济金融管理能力和防控风险能力。面对全球化的显著退潮，中国仍需高举全球化大旗，反对贸易保护主义，以更强有力的全球合作来推动新一轮的全球化，尽量利用 G20 等国际多边对话机制，积极主动参与和推动全球宏观经济政策的协调与沟通，打破各种贸易投资壁垒，避免贸易摩擦再度抬头。

（作者系中原银行首席经济学家、
中国国际经济交流中心学术委员会委员
《上海证券报》2020 年 8 月 15 日）

打造新发展格局需深化"放管服"改革

张海冰

通过改革营造良好发展环境，释放市场主体内生发展活力，是深化"放管服"改革的应有之义。国务院常务会议近期指出，深化"放管服"改革和落实财政金融纾困政策并行推进，是激发市场活力、增强发展内生动力的重要举措，对做好"六稳"工作、落实"六保"任务至关重要，要推出新举措进一步做到门槛降下来、监管跟上去、服务更优化。

要深化"放管服"改革，做到"门槛降下来、监管跟上去、服务更优化"，除了在减少审批、提升营商便利度等方面继续努力并巩固成果，也要拓宽思路，不断破除各种市场壁垒、要素阻隔和创新障碍。

从"放"的角度，要进一步放松市场准入，更要放松要素供给约束，有效降低企业成本。在市场准入方面，要继续梳理禁止准入和许可准入类项目，争取在2020版《市场准入负面清单》上有新的突破，同时加大"全国一张清单"的落实力度，坚决杜绝"地方定制版"负面清单出现，大力落实竞争中性，保障本地企业和外来企业的公平竞争机会，保障国资、民资、外资的公平竞争机会。

更为重要的是，要继续放松要素供给约束，在土地、资金、人才、技术等方面，破除阻碍要素自由流动的体制机制障碍，扩大要素市场化配置范围，这既是"放"的重要方面，也是《关于构建更加完善的要素市场化配置体制机制的意见》等重大决策的核心精神，更是中国经济中长期增长的动力源泉。

从"管"的角度，既要减少对企业的干扰，减轻企业负担，又要保障消费者权益、生产安全和市场秩序。加强事中、事后监管，关键在于创新监管方式，多从技术的角度、用技术的手段解决问题。当前，卫星定位、遥感、大数据、人工智能、区块链等技术发展迅速，很多技术可以运用在安全生产、市场秩序、产品质量等监管上，监管部门应当不断提升监管工作的技术含量，减少直接检查、繁琐报送等传统手段对企业的干扰，不断提升监管水平。

同时，要更加关注对于垄断和不正当竞争行为的防范和抑制，其中既包括传统产业、传统领域的垄断和不正当竞争行为，也包括"赢家通吃"现象普遍的新经济领域的垄断和不正当竞争行为，其中可能存在不同程度的侵犯消费者权益、不尊重数据隐私权、妨碍创新等问题，应当尽快成为研究的课题和监管的重点。

从"服"的角度，围绕新需求的发现与创造，为企业提供公共产品。政府服务的本质是提供公共产品，做好服务的关键是以企业和居民的需求为核心，不断提升公共产品的有效性。需求不足是当前很多企业的主要困难，发现和寻找新需求，需要更多新的公共产品。

例如，一些企业要"走出去"拓展传统外贸市场之外的新市场，但掣肘于陌生的法律、政策和商务环境，往往心余力绌，趑趄不前。政府如果能够引导、组织或者购买相关的法律服务资源，就为企业提供了有效的公共产品。又如在推动创新方面，政府应当着力提供打通公共数据资源、知识产权保护、搭建行业信息交流平台等公共产品，促进新供给涌现，不断发现和创造新需求。

根据我国发展阶段、环境、条件变化，党中央作出了加快形成以国内大循环为主体、国内国际双循环相互促进的新发展格局的重大战略部署。优化营商环境是推动新发展格局的根本要求，我们应当牢牢把握住"解放生产力"和"发展生产力"的初心，让"放管服"改革再出发，不断破除各种市场壁垒、要素阻隔和创新障碍，让一切劳动、知识、技术、管理、资本的活力竞相迸发，让一切创造社会财富的源泉充分涌流，让发展成果更多更公平惠及全体人民。

（《经济参考报》2020 年 9 月 1 日）

知识链接

2018 年 7 月 31 日召开的中共中央政治局会议首次提出"六稳"，即稳就业、稳金融、稳外贸、稳外资、稳投资、稳预期。2020 年 4 月 17 日召开的中央政治局会议首次提出"六保"，即保居民就业、保基本民生、保市场主体、保粮食能源安全、保产业链供应链稳定、保基层运转。

国有企业应在
新发展格局构建中发挥重要作用

李　锦

中央政治局会议提出，加快形成以国内大循环为主体、国内国际双循环相互促进的新发展格局。新发展格局的提出，主要基于百年未有之大变局叠加百年一遇之大疫情正在深刻改变世界政治、经济、文化、社会等方面的格局。深层次原因是我国筹划以更深层次的改革、更高水平的开放加快形成内外良性循环的战略抉择。

国有企业在构建"双循环"新发展格局中应发挥顶梁柱的作用，其关键着力点在于实现产业基础高级化和提升产业链现代化水平，具体路径包括以下几方面：

第一，实施补链、扩链、强链，为全球提供稳定高效的产业链、供应链。为应对疫情对经济造成的严重冲击，美欧日等经济体都通过降息和"印钞"增强流动性，但客观造成了全球流动性泛滥。在流动性过剩的背景下，全球产业资本流入中国的速度将加快，帮助中国迅速完成补链、扩链、强链。国有企业一要保障外贸产业链、供应链畅通运转，稳定国际市场份额；二要围绕全球产业链协同，在粤港澳、京津冀、长三角、成渝四大经济圈，打造一批空间上高度集聚、上下游紧密协同、供应链集约高效、规模达万亿元的战略新兴产业链集群；三要加快建设以 5G、大数据、物联网为代表的新型基础设施；四要尽全力维护全球供应链和物流链稳定。

第二，核心产业要加快技术攻关，积极填补国际产业链高端空白。当前以美国为主的发达经济体因疫情大规模隔离和封闭导致经济陷入衰退，总需求和总供给"双降"，国际产业链中的高端供给会出现空缺。我国国有企业要尽可能快地走出疫情对经济带来的影响，一是推进"两新一重"，稳定经济增长；二是在补齐交通运输等传统基建的基础上，大力发展 5G、人工智能、工业互联网、智慧城市、教育、医疗等新一轮基础设施建设，以改革创新促增长；三是不能大水漫灌，加快形成关键产业链领域的集群优势、规模优势和关键技术的创新能力，提高应对关键技术被"卡脖子"风险的能力；四是加快国际产业链高端的科技攻关和产品研发，形成诸多新技术的应用场景和市场化产品，填补因经济停滞而出现的国际产业链高端空白。

第三，以国内价值链为依托，培育中国"链主"企业和"隐形冠军"企业。在国内价值链中，地理临近效应使得本土企业与消费者需求的联系更为紧密，进而更容易获取领先用户、细分市场等需求信息。这样一来，一部分国有企业就可以通过掌握领先用户获得先行者优势，实现从供应商角色到发包商角色的转换，以及从全球价值链中的"被俘获者"到国内价值链的治理者和控制者的转型，同时也有一部分国有企业可以通过抓住细分市场的商业机会迅速填补市场缝隙，并在这些细分市场上精益求精，最终成为行业中的"隐形冠军"企业。

第四，以现代化产业集群为载体，实现产业链与创新链的融合发展。在疫情冲击下，全球产业链的纵向分工或将趋于缩短，进而导致跨国技术溢出减缓、贸易一体化规模收缩。在这种内向化的演变趋势下，产业集群与国内市场需求的产业联系有望得到改善。实际上，产业集群是市场经济在一定时空范围内自然演化的结果，应当发挥我国的新型举国体制优势与 500 强大企业优势，围绕重点产业链布局若干产业集群与国家创新体系形成对接，使之成为实现产业链与创新链融合发展的最重要的空间载体。

第五，积极发展新型消费，促进产业结构转型升级。在我国消费市场呈现长期稳定增长特征和加快转型升级发展态势下，一方面要稳固好传统消费，另一方面要鼓励发展以网络购物和网上服务为代表的新型消费。国有企业要积极发展线上线下融合消费新模式，促进传统销售和服务由线下试水线上，进而实现转型升级；要加快拓展时尚消费、定制消费、信息消费、智能消费等新兴消费领域，增加健康、养老、医疗、文化、教育以及安全等领域消费的有效供给，激发全社会消费活力。通过深入挖掘消费新动能，以夯实内需基础。

第六，以"一带一路"建设为纽带，塑造以中国制造、中国创造为关键技术谱系的国际生产体系。在全球产业链出现一定程度松动的情况下，"一带一路"建设将面临新的任务和重要合作机遇，在沿线国家积极引入国内价值链上本土龙头企业的品牌和标准。在经济全球化横向分工的区域化集聚趋势中，中国应以更加开放的理念和态度，基于"一带一路"建设加快布局这种"以我为主"的区域产业链体系。譬如，在当前疫情仍然严峻的形势下，可以把抗击疫情与新基建相结合，为沿线国家提供抗疫经验、必要的医疗服务和物资，在网络信息技术和医疗健康等基础设施领域提供援助和加强合作。

第七，以国企改革为动力，落实国企改革三年行动方案，激发内部动力，让新旧动能加快转换。在外部环境处于被动局势下，如何通过深化改革激发内部大市场的潜力，发挥国内各项资源要素的积极性，这才是构建并保证双循环体系顺利运营的充分条件。既然对外开放受到了阻力，那么对内改革应该更加深化，更加坚决。按照近期中共中央、国务院发布的《关于构建更加完善的要素市场化配置体制机制的意见》《关于新时代加快完善社会主义市场经济体制的意见》要求，落实三年行动方案，进一步深化改革，加快推进实现国有企业的体制机制创新，为国内经济大循环激发市场微观主体活力。

（作者系中国企业研究院首席研究员

《经济参考报》2020 年 9 月 8 日）

"内外兼修"构建新发展格局

——访国家发展改革委宏观经济研究院院长王昌林

新发展格局正在成为各界高度关注的"热词"。在复杂多变的形势下，中国构建新发展格局具备哪些优势？还存在哪些梗阻？下一步应从何处着力？

扭住扩大内需的战略基点

"中国有 14 亿人口，将中等收入群体在 4 亿人基础上持续扩大，再充分发挥剩下 10 亿人的消费潜力，那对经济的促进作用绝对是巨大的。"王昌林亮出观点。

"超大规模市场是联通国内国际市场、推动形成新发展格局的关键优势。要将这个优势发挥出来，就要紧紧扭住扩大内需的战略基点。"他说。

经过 40 多年的改革开放，我国已经具备构建新发展格局的坚实基础和条件。数据显示，国内需求对经济增长的贡献率有 7 个年份超过 100%。

王昌林表示，在拉动经济增长的"三驾马车"中，消费需求具有稳定器、压舱石的作用。应深化收入分配体制改革，着力解决一些结构性矛盾和问题，稳步提高居民收入，加大教育、医疗、养老等基本公共服务保障，让大家"有钱花""敢花钱"。

针对投资需求，他认为，应落实好纾困惠企政策，特别是更好畅通资金向实体经济流通的渠道，打造市场化、法治化、国际化营商环境，使企业"想投资""能投资""敢投资"。

"保市场主体就是保生产力。通过保障企业吸纳就业的能力，让更多人提高收入、升级消费，从而拉动市场，形成良性循环。"王昌林说。

在他看来，未来一个时期，国内市场主导国民经济循环特征会更加明显，经济增长的内需潜力会不断释放。

将创新驱动作为主攻方向

"生产是整个经济循环的起点。"王昌林表示，从供给侧看，要牢牢坚持供给侧结构性改革这个战略方向，疏通国内经济大循环的梗阻和堵点。

持续提升供给体系的质量与效率，是解决供需不平衡不匹配、畅通国民经济循环的关键。

王昌林认为，当前形势下，应稳定制造业发展，将稳固、提升产业链供应链发展水平放在突出位置，着力推动强链、补链、固链，维护产业安全；针对其中的薄弱环节加强核心技术攻关，发展壮大新动能，从而改善供给结构，创造适应新需求的有效供给。

他表示，破除流通领域存在的结构性、机制性、技术性障碍，使生产、分配、流通、消费各环节更多依托国内市场实现良性循环，也是需要着眼之处。

当前，一些关键核心技术依赖进口和"卡脖子"问题，制约着我国产业升级和创新循环。必须认识到，关键核心技术是要不来、买不来、讨不来的。

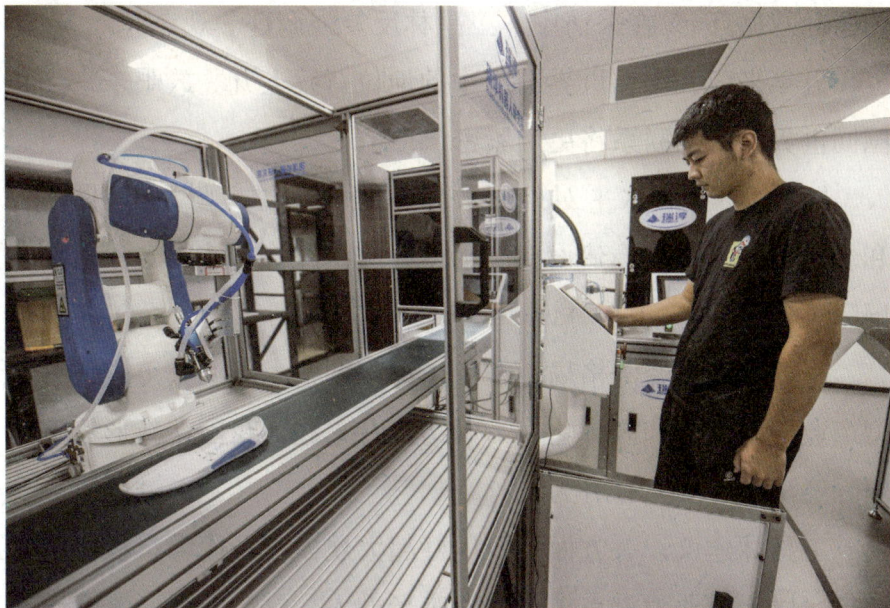

2020年9月18日，在杭州千岛湖瑞淳机器人研究院内，工程师在对自主研发配有3D视觉系统的智能涂胶机器人系统进行调试。（新华社记者 徐昱 摄）

"要坚持以创新驱动为主攻方向，推动科研机构和企业面向国民经济主战场和市场需求去创新，大力提升活力和竞争力，顺应新一轮科技革命和产业变革蓬勃兴起的趋势，加快推进数字经济、智能制造、生命健康、新材料等前沿领域的科技创新和产业发展。"王昌林说。

他特别指出，自主创新还要善于利用两个市场、两种资源，加强国际科技合作，探索构建开放式自主创新体系，走开放创新道路。

以高水平对外开放为支撑

"构建新发展格局不是关起门来搞封闭运行，而是开放的国内国际双循环。"在采访中，王昌林反复强调这一观点。

近年来，我国在世界经济中的地位持续上升。放眼未来，我国同世界经济的联系将更加紧密。

"我们要将高水平对外开放作为强大支撑，坚持'引进来'和'走出去'并重，建设更高水平开放型经济新体制，深入参与国际经济循环。"王昌林说。

眼下，世界经济格局正在发生深刻调整，新型分工方式、新型产业链价值链和区域化供需网络正在兴起，我国在新形势下的国际经济循环中大有可为。

王昌林建议，一方面，要用好超大规模市场优势，积极扩大进口，以服务业为重点扩大外资市场准入，打造国际一流营商环境，吸引集聚更多高质量外资企业，与主要发达经济体建立更加紧密的产业和市场循环关系。

另一方面，要推动共建"一带一路"高质量发展，加快产品和服务"走出去"，与相关国家之间形成合理分工和良性循环关系。

（新华社北京 2020 年 9 月 23 日电

新华社记者　姜琳、刘红霞）

稳定产业链供应链 畅通国民经济循环

——访中国人民大学校长刘伟

保产业链供应链稳定，是"六保"中一项重要任务。如何稳定产业链供应链？畅通产业链供应链的核心是什么？怎样提升产业链供应链的现代化水平？

稳定产业链供应链是构建现代化经济体系的重要一环

"稳定产业链供应链，不是偶然的、孤立的产业和供应的技术问题，而是我们国家转变发展方式、深化供给侧结构性改革、构建现代化经济体系不可或缺的重要一环。"刘伟说。

中国正推动形成以国内大循环为主体、国内国际双循环相互促进的新发展格局。在刘伟看来，产业链供应链的问题，说到底是国民经济循环畅通的问题。这个循环畅通包含纵和横两个方面。纵是指产业的各个环节之间，以及生产、分配、交换、消费各个领域之间，要衔接好、保持畅通。横是指不同地区之间，不同产业之间，以及供给和需求之间，要畅通。

"这就是经济学上所说的经济均衡，包含结构均衡、总量均衡。"刘伟说，产业链供应链的问题，核心是要保，要促进经济的均衡。首先是总量均衡，既能有效克服经济短缺，抑制严重的通货膨胀，还可以有效缓解产能过剩，防止经济衰退。其次是结构均衡，包括产业结构、区域结构、资源配置结构、国民收入分配结构等方面的均衡。

在刘伟看来，保产业链供应链稳定，既是为了有效应对危机，也是为了中国经济的长远发展。

产业链供应链稳定畅通的核心是提高竞争力

如何保产业链供应链稳定？对此，刘伟表示，要实现产业链供应链的有效循环，需要通过创新提升产业链供应链的水平，其核心是提高竞争力。

刘伟分析指出，从微观上讲，企业各个环节没有效率的话，企业既可能有市场风险，也可能有其他的不确定性，那就可能导致产业链供应链在企业的环节上出现很多断点。产业链供应链能不能畅通循环，是看有没有市场竞争力。因此，产业要升级，结构要合理化，提升市场竞争力，这样产业链供应链才能够循环起来。

加快形成以国内大循环为主体、国内国际双循环相互促进的新发展格局，是根据中国发展阶段、环境、条件变化作出的战略决策，是事关全局的系统性深层次变革。

"新发展格局能让国民经济动起来，供求之间、产业之间、企业之间，可以协调运行。稳定产业链供应链，不仅是一个增长和发展的任务，更是一个全面改革的任务。"刘伟强调，提高开放水平，全面深化改革，国内大循环才能真正循环起来。如果地区之间互相封锁，产业之间互相有篱笆，企业、政府和市场之间关系理不清，那么国内大循环就循环不起来，就意味着基础产业链供应链是互相断裂的。

刘伟认为，保产业链供应链稳定，需要有底线思维，确保产业链供应链不断链、不堵塞、不僵化，也就是整个国民经济要循环畅通，各环节有效衔接。经济循环畅通可以抵御风险，承受冲击。

同时，刘伟指出，政府要从宏观层面，从产业结构层面，从对未来产业发展方向的引领层面，从市场竞争的堵点方面，采取一系列有效措施，坚持政府和市场两手发力，才能够使我们的产业链供应链真正畅通起来。

提升产业链供应链的现代化水平关键在创新

提高产业链供应链稳定性和竞争力及其现代化水平，应该从哪些方面着手发力？

刘伟认为，关键在于创新。一方面是技术创新，强化关键环节、关键领域、关键产品保障能力；另一方面则是制度创新，提升市场机制的完善程度，完善政府和市场的关系。

"如果没有创新，没有突破，这样的循环就是泡沫式的循环、虚循环。"刘伟说，要加快解决制约科技创新发展的一些关键问题。发挥我国社会主义制度能够集中力量办大事的优势，优化配置优势资源，推动重要领域关键核心技术攻关。

创新是第一动力。刘伟认为，在打好关键核心技术攻坚战过程中，既要更好发挥政府顶层设计、统一布局、组织协调的作用，又要充分发挥企业在技术创新中的主体作用；既要夯实基础研究，又要加速科技成果向现实生产力转化；既要大力提升自主创新能力，又要坚持开放创新，加强国际科技交流合作。

（新华社北京 2020 年 9 月 26 日电

新华社记者　刘羊旸）

金融将在新发展格局中扮演重要角色

——访国家金融与发展实验室理事长李扬

在以国内大循环为主体、国内国际双循环相互促进的新发展格局中，金融将扮演什么样的角色？金融改革都有哪些值得关注的地方？在当前形势下，如何把握好稳增长和防风险之间的平衡呢？

金融的作用至关重要

经济是肌体，金融是血脉，两者共生共荣。在李扬看来，加快形成以国内大循环为主体、国内国际双循环相互促进的新发展格局，金融扮演着至关重要的角色。

"这实际上是资源配置格局的转型。"李扬说，新发展格局要求资源配置方式的重新调整，"我们将更多地利用国内资源和国内市场，尤其要开发国内最终消费市场。"

李扬认为，市场经济是资本配置引导着物质资源和劳动力资源流转的机制。"这就凸显了金融机制在转型过程中的极端重要性。"

在新发展格局中需要充分发挥金融的引导作用，那么金融又是通过哪些"信号"来引导经济资源配置呢？

"这个信号就是汇率、利率和反映市场供求关系的国债收益率曲线。其实，完善这三个信号的任务，早在党的十八届三中全会决定中就已经部署。"李扬说，汇率显示了资源配置在国内和国外的比较优势，而利率决定了资源配置在国内各区域之间的比较优势，就提高效率而言，它显示了哪些地区哪些部门应当优先使用资金。国债收益率曲线反映的是资金的市场供求关系，关乎所有金融产品的定价机制，其背后是货币政策与财政政策的协调问题。

在过去几年中，人民币汇率弹性不断增强并保持韧性，有效发挥了调节国际收支和稳定国内经济的"自动稳定器"作用，我国利率市场改革也始终没有停止，债券市场则快速发展。

李扬表示，我国将继续推进"三率"的市场化改革。在未来改革进程中，如何更为紧密地协调金融与财政两大政策体系尤为关键。

提升金融对经济转型发展的适配性

金融业是经营信用和风险的特殊行业。如何提高金融体系的中介效率和分配效率，提升金融对经济转型发展的适配性，是新发展格局对金融发展提出的迫切需求。

李扬说，我国现有金融体系中，商业银行占比过高，这固然有利于迅速聚集金融资源、从事大规模投资和"集中力量办大事"，但也存在资本供给不足、支持创新能力不足、应对人口老龄化能力不足，以及资本市场机构投资者缺位的弊端。所以，大力发展保险和养老基金、发展非银行金融机构，是我们今后机构改革的重点。

深化资本市场改革，是金融适应发展格局转型的又一重点。近年来，中国资本市场改革动作频频，设立科创板、试点注册制改革、增设各类交易机制等，都引人注目。

李扬认为，资源配置转型，肯定是要向更有效率、更具创新性、更加绿色的方向转变，这就需要通过资本市场，通过千万人的投资活动去甄别。

"最近几年来，关于金融改革的方案很多，每一个改革方案都重点涉及资本市场。"李扬说，当前，资本市场的发展比以往任何时候都重要。通过资本市场筹资，既可满足我们格局转型的资金需求，又有助于实现降低杠杆率的风险管理目的。

"我们要充分利用现代科技来全面改造传统金融业，推进我国金融体系现代化。"李扬还特别强调了金融科技在我国现代金融体系建设中的重要性。

他表示，金融科技就是技术驱动的金融创新，旨在运用现代科技成果改造或创新金融产品、经营模式、业务流程等，推动金融发展提质增效。金融业历来就是科技运用的主要领域。运用金融科技改造传统金融，是金融发展的基本途径。金融科技发展的状况如何，决定了一国金融体系未来的竞争力。因此，只有全面推动金融科技发展，我们才能在越来越严峻的国际环境下，有效实现经济发展格局转型。

对金融风险始终保持高度警惕

随着金融供给侧结构性改革的不断深入，金融服务实体经济的能力不断增强。特别是在当前形势下，金融对实体经济的支持力度不断加大。

李扬认为，当前，货币金融政策的力度明显大于以往。当前金融对实体经济的支持，既有促进企业发展的目的，更多则是帮助企业"活下去","留得青山,赢得未来"。

目前,我国经济正在加快恢复,要做好"六稳""六保"工作,要加快推动新发展格局的形成,都需要进一步加强金融对实体经济的支持。在这过程中,如何看待当下的防风险任务呢?

在李扬看来,我们在防范金融风险方面,"弦始终绷得很紧"。李扬说,虽然处在百年未有之大变局之中,虽然中国经济已进入新常态,并且延续了很长时间,但中国始终保持着正常的货币政策框架。

李扬强调,中国当前的货币政策必须要"瞻前顾后",在实践中也确实做到了这一点。他表示,在正常的水平上,中国货币政策腾挪空间还很大,经济韧性仍很强,能够完成"六保"任务,同时还对风险积累保持着足够的警惕。

（新华社北京 2020 年 9 月 27 日电

新华社记者　刘开雄）

深化改革打通"双循环"中的各种堵点

刘志彪

形成国内大循环为主、国内国际双循环的新发展格局，关键在于循环起来，而不在于内或外。只要能正常地循环起来，国民经济就会平衡稳定地向前发展，至于资源要素和产出是在国内市场实现，还是在国际市场实现，那是企业按照市场的原则所进行的自主抉择。

马克思《资本论》对资本主义经济运行的研究，最重视的问题之一是资本的再生产循环过程，他认为在生产过程最容易出现断裂或堵塞的环节，就是"商品—货币"的实现阶段，这是资本的"惊险的一跃"。同样，在社会主义市场经济运行中，如果一些重要的因素如市场实现问题的障碍不破除，那么就会出现诸多堵点。打通我国经济双循环的"任督二脉"，直接关系到新发展格局的确立。从实践经验看，关键在于打通供给、需求、机制和市场一体化等四个方面的堵点。

提升科技创新能力打通供给堵点

以提升科技创新能力为突破口，打通双循环供给方面的堵点。我国在全球不仅经济体量规模巨大，而且产业门类最为齐全，但是突出的问题是一些关键核心技术受制于人，部分关键元器件、零部件、原材料依赖进口，供给处于瓶颈或"卡脖子"状态,大到现代科研仪器设备、精密机床、半导体加工设备、飞机的发动机,小到圆珠笔芯的滚球、高铁的螺丝钉、电子芯片等,大都被发达国家企业垄断,构成对我国产业安全的威胁。这是推动国内大循环为主、国内国际双循环新发展格局形成中最大的供给方的障碍。

打通科技创新能力供给方面的堵点,关键是要改善科技创新生态,激发创新创造活力。具体来说,一是要长期坚持和重点加强基础研究。很多"卡脖子"的技术问题,根子是基础理论研究跟不上,源头和底层的东西没有搞清楚。基础研究要提倡好奇和兴趣驱动,要有历史的耐心,戒除评价体系上的急功近利和浮躁倾向,同时要形成政府资金为主、社会多渠道参与的投入机制。二是要改善和优化创新人才培育的生态氛围。提升科技创新能力的根本源泉在于创新人才的培育。我国拥有庞大的科研人员和工程师队伍,为什么世界原创技术很少?原因是多方面的,缺少具有国际水平的战略科技人才、科技领军人才、创新团队脱颖而出的生态氛围,无疑是重要原因之一。尊重人才成长规律,按照科研活动自身的规律行事已成为培养造就一批世界顶尖创新人才的关键。三是以市场为基础,完善科技创新的新型举国体制。绝大多数有关经济、社会、民生的现实问题,都要以市场为基础,选择科技创新的需求导向和问题导向,如农业的种子,工业方面的芯片,健康方面的生物医药等。在优化科技资源配置上,也要以市场为基础,充分发挥企业组织形式的市场主体在技术创新中的主体作用,推动创新要素在国家产业政策指导下向企业集聚。

提高生产率打通需求堵点

以提高生产率为突破口，打通双循环需求方面的堵点。形成新发展格局的关键链接点在于内需。只有具有强大的内需市场，才能把世界的供给中心（生产能力提供者）转化为世界的需求中心，把客场全球化转化为主场全球化，把国内市场与国际市场链接起来并顺畅地实现循环过程。中国经济总规模虽然名列世界前茅，但总体上还是一个人口众多的发展中国家经济的基本格局。鉴于此，中国庞大的国内市场优势，现在还是潜在的而不是现实的。提升国内消费需求水平，最直接的途径是提高国民收入中居民分配的比重，但是根本的途径还在于提高劳动生产率，只有按照劳动生产率上升幅度适当大于平均工资上升幅度的原则来增加社会成员的收入水平，才能在所创造的财富不被分光吃尽，才能使财富总盘子增加的前提下，达到真正的富民目的，否则居民收入的增长就难以有扎实的基础，也很难持续下去。社会财富的增长只能通过增加劳动投入、提高劳动生产率两个途径来实现。其中提高生产率的办法，也只能是技术进步、机器劳动替代人类劳动、鼓励劳动者积极性提高、改善经济体制等。随着我国老龄化社会的来临，人口红利急需要转换为人才和知识红利，因此增加社会财富的办法只能是通过加大知识投入，加大机器使用等形式来提升生产率。另外，提升国内消费需求水平，在居民人均收入不变的前提下，还可以通过增加政府公共支出、更多地承担政府调节职能的途径来实现。政府为居民承担的基本住宅、医疗、教育、养老等方面的公共支出越多，除了能增加劳动者获得感和幸福感、激励其投身发展的积极性外，还能垫高居民消费支出的

"护城河",从而增加居民消费的安全感,强迫储蓄的比重自然降低、消费比重得以自然提高。

深化结构调整打通机制堵点

以结构调整为突破口,打通双循环机制方面的堵点。结构不均衡会极大地影响甚至决定双循环新发展格局的形成和稳定运行,这是必须坚持供给侧结构性改革这一主线的主要依据。例如,从所有制结构看,目前民营经济发展与外资企业、国有企业的竞争条件并不均等,面临着"玻璃门、弹簧门、旋转门、高低门"等进入障碍,如果不运用《竞争法》破除一切针对民营企业的行政壁垒和政策歧视,那么中国市场上最有活力的这个市场主体就无法正常地在双循环新格局中发挥积极作用。再如,从地区经济结构看,过去按照地区推进改革开放和制定政策的办法,导致了一系列的政策"洼地效应",是地区间存在着严重的开放歧视和不均衡现象的根源,由此影响统一、竞争、开放、有序市场的建设。形成双循环新发展格局必须按地区公平的原则推进政策实施过程,平等一切区域间的发展条件和政策的差异。还有,分配结构不均衡则会直接导致双循环的机制性堵塞。在一个社会成员的收入分配扭曲的社会结构中,由于高收入者的消费边际倾向很低,低收入者没钱消费,即使这个社会人均收入很高,也达不到扩大内需的作用。因此降低财富和收入分配的基尼系数,让中等收入群体逐步形成并具有强大的消费能力,就是一种最有利于扩大内需的制度安排,也是最优的社会结构。就初次分配而言,值得注意的一是财富在国内居民与外国投资者之间的分配。GDP中外资拿得多,自然本国居民就会拿得少。依靠吸收外资来发展经济的地方，如江苏苏南地区，都普遍存在这一分配失衡的问题。二是财富在资本与劳动之间的比例。资本所有者拿多了，劳动者的收入和需求就受到严重抑制。因此不让劳动者分享发展利益的经济体制，是不可能走得长远的。就再分配而言，目前其结构失衡影响双循环的主要表现是：一是收入和财富在居民、企业和政府三者之间的分配失衡。政府和企业从国民收入总盘子中拿多了，居民拿得就少了。这是聚焦富民战略、形成中等收入群体占主导的社会结构的软肋。二是财富在金融、房地产与实体经济之间的分配失衡。现在实体经济盈利能力弱，而虚拟经济过火，金融、房地产部门在分配中处于强势地位，诱导资源和要素过多投入到虚拟经济部门，这是导致我国产业结构失衡的内在根本原因。

加大对内开放打通市场一体化堵点

以加大对内开放为突破口，打通双循环市场一体化方面的堵点。形成双循环相互促进的新发展格局，让中国的市场成为全球市场的一部分，使中国新一轮的经济全球化在主场市场进行，关键的问题还在开放，既要对外开放，更要对内开放，使对外开放与对内开放相互衔接和均衡。

为了推动开放发展，目前中国开放战略的思路面临着重大转换，即要从过去强调对外开放，转向对外开放与对内开放共同促进、共同发展，既要以对外开放倒逼对内开放，更要以对内开放促进和提升对外开放的水平和层次。现在对内开放的紧迫性和重要性不亚于对外开放，进一步对内开放已经成为深化对外开放的基础和前提。过去我们用对外开放倒逼对内改革，是一个很聪明的策略选择。如，为了适应 WTO 的规则，我们不得不进行企业体制、税收体制、外贸体制、补贴制度以及审批制度等一系列改革，给企业在市场上以更多的自由选择，使政府的做事规则更接近国际惯例的要求。但也应该看到，仅仅开放国门，对旧体制的冲击还是有限的，很多实质性的东西，最终需要有内部的动力来推动变革，如要素市场化改革，尤其是土地市场、资本市场化配置等等，涉及权力关系、利益关系的重大调整和彻底重组。结构性改革所需要的降低行政壁垒、降低企业税费、降低对国有企业补贴等，都涉及对政府职能的改革和权力的再配置，关系到如何充分发挥市场机制在资源配置中的决定性作用问题。如果没有

2019 年 1 月 16 日航拍的照片显示的是希腊比雷埃夫斯港（以下简称"比港"）。作为"一带一路"倡议的典范项目，比港近年来的发展令人瞩目。2019 年 10 月，希腊港口发展和规划委员会批准了比港提交的后续发展规划，意在进一步把比港打造成世界一流港口。（新华社记者 吴鲁 摄）

进一步的对内开放，国内的市场主体尤其是民营经济就不能在宽松自由的环境中发育，市场组织、个人和社会机构缺少成长的空间，市场工具就没有运用的条件，市场机制也就无法在资源配置上逐步替代计划和行政机制。我们强调双向循环要对内开放，就是强调要对本国公民的开放，要把政府机构为民众包办的一系列经济事务的选择权赋予个人和家庭，让其自由选择、自我发展。从开放的内容看，对内开放就是要破除一切被行政权力垄断的行业和部门，实行自由进入和自由退出。

"面对世界经济发展的较大不确定性，我们必须未雨绸缪，针对可能出现的风险和挑战，做好打持久战的应对准备，不等不靠，立足自身、深远谋划、主动调整、集中精力办好自己的事。"王昌林说。

他表示，以国内发展基本趋势不断向好、开放程度不断提高的确定性，应对国际环境变化的不确定性，中国经济将在构建新发展格局中育新机开新局。

（作者系国家高端智库建设培育单位
长江产业经济研究院院长、南京大学教授
《经济参考报》2020 年 9 月 29 日）

知识链接

洼地效应就是利用比较优势，创造理想的经济和社会人文环境，使之对各类生产要素具有更强的吸引力，从而形成独特竞争优势，吸引外来资源向本地区汇聚、流动，弥补本地资源结构上的缺陷，促进本地区经济和社会的快速发展。

以高水平开放构建 "双循环" 新发展格局

迟福林

构建以国内大循环为主体，国内国际双循环相互促进的新发展格局，是"育新机、开新局"的战略选择，是后疫情时代促进经济复苏与国际合作的重大举措。

首先，我国正处于经济转型升级的关键时期，具有以国内大循环为主体的基础和条件。作为拥有近 14 亿人口的大国，我国有着巨大的内需潜力。在当前全球需求不足、全球经济增长乏力的情况下，这一巨大的内需潜力，将成为促进全球经济复苏的突出亮点。从产业结构升级来看，2019 年我国服务业占比为 53.9%，预计未来 5 至 10 年还有 10 个百分点左右的升级空间。其中生产性服务业升级空间更大。2019 年，我国服务业增加值比上年增长 6.9%，快于第二产业 1.2 个百分点；占国内生产总值的比重达到 53.9%，比上年上升了 0.6 个百分点。估计到 2025 年，我国服务业占比将提高至 59% 至 60%，形成服务业主导的产业结构。从消费结构升级来看，2019 年，我国城乡居民服务型消费占比为 45.9%。从国际经验看，要达到 60% 至 65% 的水平，服务型消费占比才达到大体稳定。这意味着我国未来 10 年左右服务型消费还有 15 至 20 个百分点的升级空间。从城乡结构升级来看，2019年我国常住人口城镇化率为60.6%，还有10个百分点左右的升级空间；我国户籍人口城镇化率仅为44.38%，至少还有15至20个百分点的升级空间。

其次，要以高水平开放构建双循环发展格局。新发展格局是我国应对复杂多变的国际经济政治环境而实行的战略转型。这一战略转型与未来我国经济转型升级的趋势相适应，是10至20年的长期战略。一方面，以国内经济循环为主体，目的是充分释放我国巨大的内需潜力，提升经济自我循环能力。国家工信部对全国30多家大型企业130多种关键基础材料调研结果显示，52%的关键材料依赖进口，95%的高端专用芯片、70%以上智能终端处理器以及绝大多数存储芯片依赖进口；2019年，我国石油对外依存度达70.8%，铁矿石对外依存度达到90%。另一方面，以国内大循环为主体，不是"关起门来搞建设"，而是在提升经济自我循环能力的同时，建设高水平开放型经济新体制，实现国内国际经济双循环相互促进。

最后，要以高水平开放赢得国际合作与竞争新优势。首先，14亿人的内需潜力是以国内大循环为主体的独特优势。例如，我国服务型消费的快速增长及其带来的新兴消费市场的扩大，已成为全球市场关注的重点，也成为我国立足自身、把握趋势、释放内需、赢得主动的关键。面对外部环境深刻复杂变化，我国内需市场继续保持较快增长态势，继续保持不断升级态势，就能够形成强大的经济吸引力。第二，以高水平开放赢得国际合作和竞争新优势。例如，机器人、新能源汽车、数字经济以及一些高科技产业，尽管其某些核心技术不在中国，但最大的应用市场在我国。未来，在高水平开放中提高我国产业基础能力和产业链现代化水平，加快核心技术攻关，改变我国长期处于价值链中低端的格局，提升国民经济自我循环能力。第三，以国内大循环为主体，重要的是深化市场化改革，充分激发市场活力。这就需要以制度型开放为重点深化市场化改革，推进规则、规制、管理、标准等与国际惯例衔接，建立并完善以公开、规范为主要标志的开放型经济体系，加快形成市场决定资源配置的新格局。

（作者系中国（海南）改革发展研究院院长

《经济参考报》2020 年 9 月 30 日）

"双循环"：来自海外的声音

粤港澳大湾区建设利于
促进中国经济内外双循环良性互动

——访新加坡国立大学东亚研究所教授郑永年

中国粤港澳大湾区建设稳步推进，发展前景引发世界关注。新加坡国立大学东亚研究所教授郑永年日前接受新华社记者专访时表示，粤港澳大湾区是中国经济内循环与外循环的一个接口，大湾区建设有利于促进中国经济内外双循环良性互动。

郑永年表示，粤港澳大湾区建设不只是一个超大规模经济项目，长远看它关系到中国未来的发展。把大湾区建设好，不仅可以带动中国南方地区发展，还可以与中国经济的外循环系统形成良性互动。

郑永年认为，粤港澳大湾区覆盖的地区产业承接关系紧密，但也存在产业布局不合理、规划各自为战、同质化竞争等挑战。因此，做好大湾区建设一要注重实现有力和高效的协调，二要有更加开放的理念和大格局意识，三要处理好政府和市场的关系。

粤港澳大湾区建设涉及政治、经济、社会生活等方方面面，包括法律对接和制度创新、知识产权保护、劳动力流动、教育和医疗等资源的融合与共享等。郑永年建议精准施策，稳妥对接，努力把大湾区打造成为一个巨大的、具有不可替代性和超强粘性的嵌入型经济平台，争取把全球最优秀的人才、技术和资本都吸引进来并牢牢留住。

郑永年说，在粤港澳大湾区内，香港的金融业、澳门的旅游休闲业、珠三角的制造业各具特色，要充分发挥各自优势，大湾区内各领域的交流与合作应更加密切和灵活。

郑永年认为，粤港澳大湾区完全有可能崛起成为具有全球影响力的国际科技创新中心。香港有多所国际一流的大学和科研机构，科技力量很强，知识产权体系完备，应充分利用好这些资源，并为科研人才跨境交流提供更多便利。

2020 年 8 月 26 日 10 时许，随着货检通道闸口打开，深港两地货车缓缓通过闸口，深港间第七座陆路口岸——莲塘/香园围口岸正式开通，粤港澳大湾区再添一条新物流大通道。图为 8 月 26 日拍摄的莲塘/香园围口岸（新华社记者 毛思倩 摄）

他指出，粤港澳大湾区建设不仅有利于中国的发展，对整个世界经济也是利好。现在全世界都关注中国市场，大湾区的发展前景十分广阔。

（新华社新加坡 2020 年 7 月 13 日电

新华社记者　夏立新）

中国对未来经济发展的清晰布局提振信心

——访英国萨里大学商学院教授熊榆

"深思熟虑、格局庞大、视野超前,是给国内外各界人士的一颗定心丸。"英国萨里大学商学院教授熊榆25日在接受新华社记者专访时如此评价中国领导人近日在经济社会领域专家座谈会上的重要讲话。

熊榆说,从此次座谈会可以看出,在复杂的国际环境下,中国准确稳妥把握当前局面,对未来经济发展的布局清晰,有力提振了各界对中国经济发展前景的信心。

谈及座谈会上提出的要推动形成以国内大循环为主体、国内国际双循环相互促进的新发展格局,熊榆表示,中国经济自身健康发展,是能与其他国家建立平等合作关系的重要条件,是双循环发展的立足点。

对于以科技创新催生新发展动能,熊榆说:"强调科技创新的重要性以及企业在技术创新中的主体作用,是对中国企业家的鼓舞。更多高新科技企业将发展起来,并成为科技和经济发展的动力点。"

中国领导人还提出,要建设高标准市场体系,完善公平竞争制度,激发市场主体发展活力,使一切有利于社会生产力发展的力量源泉充分涌流。

对此,熊榆表示,为了打造更加有竞争力的市场和企业,公平竞争十分必要。"民营经济有望在中国新一轮高水平对外开放及新旧动能转换关键时期发挥不可替代的作用。"

谈到国际合作时，熊榆说，国际合作也是双循环中重要一环。中国正在修炼好"内功"的基础上，自信地开展高水平对外开放，并成为国际自由贸易最坚定和最有力的维护者之一。

熊榆认为，许多国家高度评价中国取得的成就，并推动对中国发展道路的研究，希望搭上中国发展的顺风车。

"中国经济转向高质量发展，质量变革、效率变革和动力变革相辅相成，这形成中国经济当前和未来数十年长期发展的大方向，使得中国经济发展茁壮有力。"熊榆说。

（新华社伦敦 2020 年 8 月 25 日电

新华社记者　孙晓玲）

构建新发展格局是
中国经济高质量发展的内在要求

——访新加坡国立大学学者顾清扬

新加坡国立大学李光耀公共政策学院副教授顾清扬日前接受新华社记者专访时表示，中国正在构建以国内大循环为主体、国内国际双循环相互促进的新发展格局，这是中国经济高质量发展的内在要求，将引领中国未来中长期发展。

顾清扬认为，构建新发展格局，是中国根据国内、国际环境和自身比较优势变化做出的战略调整，可以更好地利用国内和国际两个市场，更好地发挥国内体制和市场优势，形成新的参与国际竞争的优势，具有很强的前瞻性。

顾清扬说，经过40多年改革开放，中国经济不断积累产生新优势，要发挥好这些优势并不断创造新优势，中国有必要从以出口导向为主转向以国内大循环为主体、国内国际双循环相互促进的新发展格局，这是中国经济高质量发展的内在要求，是中国在新的比较优势下的自主选择。

他认为，国内大循环的实现，有赖于通过建立高质量的市场经济体系，解决经济中特别是供给侧一些突出问题，发挥市场在资源配置中的决定性作用，同时，应高度重视科技创新对畅通国内大循环的关键作用。

顾清扬说，中国正继续扩大对外开放，努力开拓国际循环新途径。"一带一路"建设既涵盖了发展中国家，也向发达国家开放，有助于形成更具包容性的国际循环。此外，中国正在推动的西部发展战略和海南自由贸易港建设都可以成为参与国际循环的重要平台。

顾清扬认为，以信息技术为核心的现代科技，既是国内大循环的强大生产力，也是突破国际循环障碍的重要手段，应努力探讨数字贸易、数字金融和数字货币在促进经济要素流动方面的新途径和新模式。

他还表示，国内大循环与国际循环是相互协调、相互促进的关系。国内大循环通畅，能为中国更高水平更大规模参与国际循环夯实基础，让中国在国际市场上获取新的竞争优势；反过来

2020年9月7日，在江苏连云港港68号泊位，一艘滚装船准备装载一批国产小轿车出口海外（新华社发 耿玉和 摄）

看，中国参与国际循环，不仅有利于中国企业进行全球化布局，而且能为国内大循环创造更多机遇、提供外部动力。

顾清扬认为，构建新发展格局是长期战略，要实现国内国际双循环相互促进，相应的制度建设和改革措施要先行。"中国近期连续出台了一系列深化改革和扩大开放的政策，这将为推动构建新发展格局打下良好基础。"

（新华社新加坡 2020 年 9 月 8 日电

新华社记者　蔡蜀亚）

中国经济正从新冠疫情冲击中稳步复苏

——访耶鲁大学高级研究员斯蒂芬·罗奇

"中国第三季度经济增速令人鼓舞，中国经济正从新冠疫情冲击中稳步复苏。"美国耶鲁大学高级研究员斯蒂芬·罗奇日前接受新华社记者专访时说。

中国国家统计局数据显示，中国今年前三季度经济增长由负转正，特别是第三季度经济增速加快，同比增长 4.9%，比第二季度加快 1.7 个百分点。

罗奇表示，年初受疫情影响较为严重的消费正逐步回暖，成为拉动中国经济增长的重要因素。另外，外贸表现也十分抢眼。他认为，今年第四季度，中国经济增长仍有望加速，并可能成为今年全球唯一实现正增长的主要经济体。

谈及中国经济快速恢复增长的原因，罗奇表示，中国把有效控制疫情作为首要任务，是经济稳步复苏的前提。"最令人印象深刻的是，中国将防控疫情放在最优先位置，而不是急于采取大规模的财政和货币刺激政策。"

罗奇说，疫情不会自行消失，必须首先采取公共卫生措施阻断病毒传播、防止疫情扩散，并积极推动研究治疗方法、研制有效疫苗，然后再考虑如何让相关政策工具和经济刺激措施发挥有效作用。

罗奇表示，中国正是在严格防控疫情的基础上，合理运用财政和货币政策工具，刺激市场总需求，从而拉动经济增长。他认为，中国在应对公共卫生事件时，措施得当执行严格，为控制疫情提供了有效模式，对其他受到疫情严重影响的国家和地区来说具有借鉴意义。

罗奇同时指出，由于疫情仍在全球蔓延、世界经济形势十分复杂，中国经济仍面临多重挑战。他认为，中国坚定不移地深化改革、扩大开放，继续拉动国内消费，进一步加强公共卫生和社会保障体系建设，推动构建以国内大循环为主体、国内国际双循环相互促进的新发展格局，这将有助于更好地应对挑战。

（新华社纽约 2020 年 10 月 22 日电

新华社记者　潘丽君、张墨成）

第三篇

实践中的
"大循环""双循环"

中国经济积极构建内外 "双循环" 良性互动

新冠疫情剧烈冲击全球经济，各经济体经济战 "疫" 形势严峻。面对国内外风险挑战明显上升的复杂局面，中国把握发展大势，积极统筹国内国际两个市场、两种资源，努力构建国内国际双循环相互促进的新发展格局。

世界银行 2020 年 6 月 8 日发布的最新一期《全球经济展望》报告说，受新冠疫情冲击，预计 2020 年全球经济将下滑 5.2%，这将是二战以来最严重的经济衰退。中国经济有望实现 1% 的增长。

面对经济衰退阴云笼罩、产业链供应链循环受阻、国际贸易投资萎缩的现状，完善国内循环体系的紧迫性尤为突出。中国拥有 14 亿人口和全球最大规模中等收入群体，市场规模巨大、潜力巨大，市场优势和内需潜力是中国最大的优势。

消费已连续六年成为中国经济增长第一拉动力。在海外观察人士眼中，疫情压力下消费有望成为中国经济的压舱石。新加坡国立大学学者顾清扬指出，疫情导致外贸需求骤降，即使疫情结束后，来自欧美市场的需求也会持续减弱。因此，国内需求链建设是国内经济循环的一项重要内容。

尽管疫情一度抑制消费，但中国努力通过市场化改革帮助居民增收入、促消费。中国采取的规模性政策中 70% 左右的资金用于支撑居民收入。"这不仅会刺激中国经济发展，也会帮助世界经济恢复。" 英国皇家国际问题研究所主席吉姆·奥尼尔日前接受新华社记者专访时说。

　　在大街小巷，中国经济社会复苏步伐稳健。《日本经济新闻》注意到，之前因新冠疫情而下滑的中国新车销售正在逐步恢复。中国汽车工业协会数据显示，4月汽车销量同比增长4.4%。

　　在互联网上，数字经济发展有望迎来新高潮。特斯拉、宜家等国际品牌正加速入驻天猫。天猫"6·18"网购促销启动后第1个小时预售成交额同比增长515%。随着品牌加速数字化转型，新技术、新场景正在重新定义线上经济。

　　为深化要素市场化配置改革，促进要素自主有序流动，提高要素配置效率，进一步激发全社会创造力和市场活力，此前《中共中央 国务院关于构建更加完善的要素市场化配置体制机制的意见》公布，推动土地、劳动力、资本、技术、数据五大要素市场改革，将释放出巨大的需求潜力。

　　国内循环为主，国际循环为要。中国在修炼内功的同时，没有因疫情而放慢改革开放的步伐。

2020年4月15日，工人在吉利汽车宝鸡制造基地总装厂安装汽车后桥。（新华社记者 邵瑞 摄）

"往往在经济遇到困难的时候，改革的呼声会愈发强烈。"路透社在报道中指出，面对逆全球化倾向日益显现的外部环境，中国最新发布的加快完善社会主义市场经济体制的相关文件从多个领域提出相应改革举措，为下一步深化改革和扩大高水平开放提供了行动纲领。

中国海南自由贸易港建设也吸引着全世界的目光。顾清扬说，海南自贸港力求实现最高水平开放，显示出中国长期以来坚持的全方位融入世界经济的政策不会动摇，中国会通过不断加大开放力度，继续参与世界经济发展。海南自贸港的发展须用好中国国内和国际两个市场，在国内和国际两个循环的互动过程中发挥桥梁和杠杆作用。

从自由贸易试验区、上海自贸试验区临港新片区到海南自由贸易港，从"放管服"改革持续深入，到地方版优化营商环境条例密集推进……一项项政策部署宣示着中国以开放促改革促发展的决心。

这些是立足当下，也是放眼长远的深刻变革。政策利好正逐步显现。中国商务部数据显示，2020 年 4 月份中国实际使用外资 703.6 亿元，同比增长 11.8%，实现逆势增长。

在危机中育新机，于变局中开新局。分析人士认为，疫情催生变局，从经济效率和经济安全相平衡的角度去构建国内国际双循环相互促进的新发展格局，有利于分散风险和保持中国经济长期平稳发展。在内外兼修过程中，中国推动国内国际两大循环相互促进、优势互补，将为经济行稳致远保驾护航。

（新华社北京 2020 年 6 月 9 日　新华社记者　樊宇）

畅通"双循环"构建新格局

构建"双循环"　闯出新天地

——从长三角看中国外贸新动能

疫情冲击下，全球经济面临严峻挑战。在外向型经济高地长三角，上半年浙江出口额增长 3.3%，安徽出口额增长 3.2%，上海出口额增长 0.7%，纷纷实现正增长。上半年江苏出口额下降 5.6%，但降幅较一季度收窄 9.3 个百分点。

在危机中育新机、于变局中开新局。长三角外贸企业一面拓展国际市场新客源，一面挖掘国内市场新需求，新动能在"双循环"中奔涌。

一朵"云"上来相会 长三角搭上"新业态"快车

既是外贸重镇，又是信息技术产业高地——面对疫情冲击，长三角发挥一朵"云"的优势，帮助企业"危中寻机"，实现逆势增长。

云端办展，不见面也能谈生意

40 多名外贸员经过专门培训后化身"主播"，在镜头前"全天候"向全球客户介绍产品特性、解答高频问题——这是南京敖广集团"直播间"里的一幕。

敖广集团品牌中心总监茆国泳说，直播大大提升了疫情下交流的便利，也帮助企业获得了实实在在的订单。

云端办展，不见面也能谈生意

近日启动的第 30 届中国华东进出口商品交易会首次转向"云端"举行，3500 多家参展企业和 2 万多名采购商的规模与往年大致相当，会期仍为 5 天。

浙江嘉欣丝绸股份有限公司技术中心经理助理吴惠萍说，线下展会里，丝绸服装的花色、光泽、版型等很直观，因此产品图相对比较简单。搬到线上之后，企业为拍摄图片和小视频专门使用了模特，还对每件样衣做了一些搭配，更好地展示服装之美。

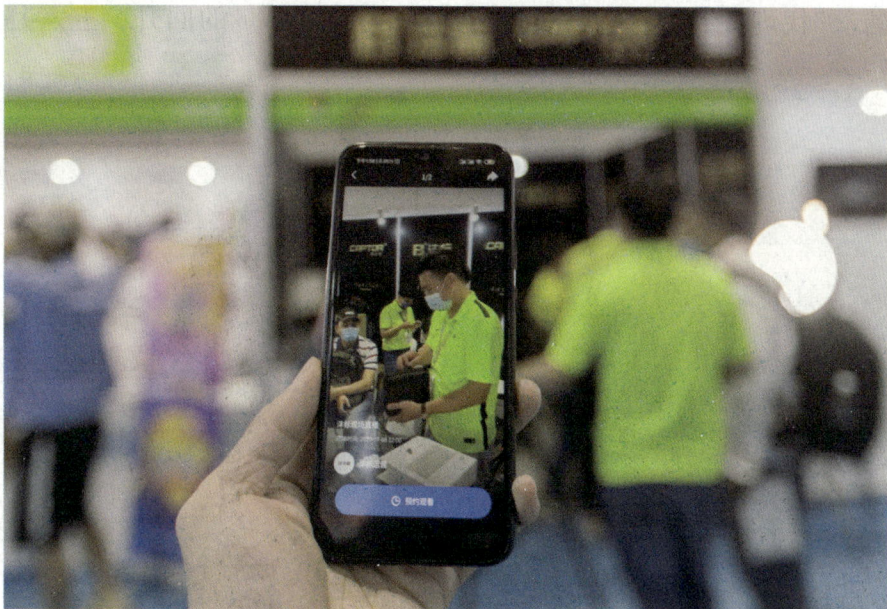

第 37 届上海国际婚纱摄影器材展览会、第 22 届上海国际摄影器材和数码影像展览会、2020 上海国际儿童摄影展览会 7 月 8 日在国家会展中心（上海）开幕。图为 2020 年 7 月 8 日，参展商通过"云上会展"直播促进交易。（新华社记者　王翔　摄）

上海新联纺进出口有限公司董事长陈峥说,通过线上展会,中国企业和国际买家之间可以保持"粘性"。"线上交易会为中外企业搭建了一个公共平台,一旦需求复苏,生产供应立即就能跟上。"

云上交易逆势增长,"对冲"疫情冲击

今年上半年,海关跨境电商监管平台出口增长 28.7%。海关总署统计分析司司长李魁文说,作为新型贸易业态,跨境电商凭借其线上交易、非接触式交货和交易链条短等优势逆势上扬,为外贸企业应对疫情冲击发挥了积极作用。

徐州海兰特桑拿设备有限公司副总经理李颜廷说,疫情下,不少原本主要通过线下门店销售的国外代理商开始转向线上销售。"代理商找到了新渠道,也带来我们订单量的回升,五六月

2020 年 6 月 5 日,上海虹桥进口商品展示交易中心开启一场线上直播活动,主播带领线上观众走进一街之隔的上海虹桥商务区保税物流中心保税仓库,介绍保税展示交易联动模式,并通过直播推介进口商品。(新华社记者 方喆 摄)

的销售额已经恢复到去年同期水平。"

阿里巴巴副总裁、全球速卖通总经理王明强表示，中国电商渗透率达到 20%，欧美等发达国家只有 5% 至 10%。疫情放大了无接触消费需求，欧美国家的电子商务发展空间巨大，也给中国外贸带来了新机遇。

变"订单经济"为"需求经济"塑造外贸发展新格局

从以往来什么订单做什么产品，到如今主动发掘市场需求进行创制，疫情期间，长三角外贸企业把传统的"订单经济"转变为"需求经济"，为短期复苏和长远发展打下坚实基础。

打好"健康牌""宅家牌"，疫情催生新需求带来新增长

统计显示，上半年我国包括口罩在内的纺织品出口增长32.4%，医药材及药品、医疗仪器及器械出口分别增长 23.6%、

火爆"宅经济"（新华社发 王鹏 作）

46.4%。与此同时，"宅经济"消费提升带动笔记本电脑、手机出口分别增长 9.1%、0.2%。

安徽轻工国际贸易股份有限公司外贸副总经理许国说："上半年企业防疫物资出口额达到 1 亿美元，完全出乎我们意料。"

不少外贸企业坦言，短期的疫情，带来的是对健康领域的长期关注和"宅经济"的长远发展。

"4 月份以来，自行车出口订单量激增，同比增长近 30%。"昆山吉纳尔运动器材有限公司总经理葛雷说，企业生产计划已经排到了 12 月份。

统计数据显示，昆山自行车（含电动车）出口在 4 月、5 月、6 月同比分别增长 25.7%、5.1% 和 12.7%。

加速建设海外仓，主动拥抱新模式

在政府引导下，疫情前长三角外贸企业在境外市场建设了不少海外仓，企业可以将销量好的出口商品提前发送至国外仓库，实现本地销售、本地配送。

"海外仓在疫情期间发挥了'压舱石'的作用。借助在日本的海外仓，上半年疫情最严重的时候我们也一直接到订单。"江苏桃园家饰有限公司销售人员王雪熠说，海外仓对外贸企业来说虽然是新生事物，但为了更好地拓展业务，企业还是主动"走出去"，瞄准市场空白处发力。

不放弃传统市场，积极开拓新兴市场

7 月 28 日，在面向轻工行业的"出海优品 云洽全球"供需对接会上，上海思乐得不锈钢制品有限公司与马来西亚的客商进行了线上磋商。

"这是我们第一次接触到马来西亚的客户，以前我们的客户

2020 年 6 月 5 日，上海虹桥进口商品展示交易中心和与其一街之隔的上海虹桥商务区保税物流中心保税仓库共同开启一场线上直播活动。这是保税仓库工作人员驾驶叉车在保税仓库进行作业演示。（新华社记者 方喆 摄）

主要在欧美市场。"思乐得总经理张斌说，对接会提前进行了供需匹配，达成订单的可能性更高，缩短了"贸易距离"，也给了企业更多开拓新兴市场的信心。

统计显示，今年以来，我国与"一带一路"沿线国家贸易在进出口中的占比进一步提升。义乌市商务局介绍，今年上半年，"义新欧"中欧班列已开行 350 列，发送量同比增长 157.1%，保证了疫情期间亚欧供应链的稳定。

双循环"共振"为外贸注入新动能

"从没想过产品卖到了距离我们工厂两三千公里的边疆小城里。"这是宁波三禾厨具"外贸转内销"以来的全新体验。

179

2020年3月21日，载着捐赠西班牙抗疫物资的"义新欧"中欧班列（义乌—马德里）从义乌铁路西站发车，前往马德里。（新华社发 龚献明 摄）

产品远销全球130多个国家和地区的三禾厨具，在国内市场曾经是个"门外汉"。三禾厨具董事长方成说，企业对转内销曾有畏难情绪，"外贸转内销需要建立线下销售渠道，投入巨额费用打品牌，一口出厂价几十块的锅，加上层层分销成本，到消费者手里，就要数百元。"

在加入电商平台推出的"新品牌计划"后，像三禾厨具这样的企业获得了专门的研发流程再造辅导和流量倾斜支持。

"消费者的'痛点'被大数据'计算'出来，企业根据反馈安排生产，研发周期缩短了50%。"方成说，大数据显示，零售价99元的价位是市场空白，企业由此进行深度开发，做出了一款更符合国内用户消费习惯的产品，成为了线上"爆款"。

随着国内国外市场双循环"共振"增强，借助电商平台，不少产品品质过硬、价格实惠的外贸企业正逐步成为国内市场的生力军。

上海海斐欧工艺礼品有限公司相关负责人肖筱说，今年以来，公司在国内注册了80多个外观专利，加紧做好国内市场的销售准备。"6月公司国内销售额突破了170万元，更加坚定了我们的信心。"

商务部消费促进司副司长李党会说，优质产品出口转内销会进一步丰富国内市场供给，带动消费升级。国际市场长期形成的通用规则也有助于改善国内营商环境，推动国内国际双循环相互促进。

企业积极"突围"，政府全力支持。

长三角地区的浙江、上海等地早在3月就出台包括通关便利化、"守护"小微企业、增强金融授信力度等一揽子促外贸政策，积极帮助外贸企业扩展新空间。

6月13日，海关总署公告，在南京、杭州、宁波等10个地方海关开展跨境电商企业对企业（B2B）出口监管试点。

在苏州工业园区海关申报成功的宝时得科技（中国）有限公司副总裁杨文基说，新模式下企业可以享受无纸通关、优先查验等通关便利，物流成本降低了，通关效率提高了。

北京大学国家发展研究院副院长余淼杰认为，疫情控制良好、率先复工复产的中国企业给全球产业链带来安全感。下一步，外贸企业应加大开拓新兴市场，通过互联网等新业态拓展新空间，同时练好内功，提升在全球产业链上的地位。

（新华社上海2020年8月7日电

新华社记者 周蕊、何欣荣、屈凌燕）

畅通"二脉"绘新篇

——新发展格局的"广东突围"

在危机中育新机，于变局中开新局。面对新冠肺炎疫情的冲击和严峻复杂的国内外经济形势，上半年，经济第一大省广东不断发力国内大循环、畅通国内国际双循环，打通两个循环"任督二脉"、逐步形成新发展格局，凸显中国经济运行的韧性与弹性。

从"两头在外"到"眼光向内"，发力"大循环"打造新优势

新应用层出不穷，新消费"无中生有"，新投资孕育动能

曾经"两头在外"的"世界工厂"广东，正不断发挥超大规模市场优势，为经济发展增添动力。

8月3日，总部位于深圳的国内光学龙头企业欧菲光集团股份有限公司，发布的半年"成绩单"令人眼前一亮，上半年实现净利润 5.02 亿元、同比大幅增长 2290.28%。欧菲光生产的光学镜头等产品，广泛应用于智能手机、智能可穿戴设备等领域。

在华西证券等机构看来，随着国内 5G 基站建设顺利推进，5G 手机的普及渗透将更为顺畅，将为欧菲光等企业的业绩提升带来更大动力。

广东省工信厅相关负责人表示，上半年广东共新增 5G 基站 41401 座，6月份新增 14926 座。上半年广东地区生产总值 49234.20 亿元，其中，新经济增加值占地区生产总值的比重

25.6%，同比提高 0.5 个百分点。

从工业产品销售到网络零售，广东经济运行以国内大循环为主体的迹象日渐明显。

深圳市统计局局长王虎善说，上半年深圳国内外市场都好转，国内市场强于国外市场，如工业产品国内市场销售增速高于外销 5.9 个百分点，上半年工业产品国内市场销售占比 62.1%，高于外销比重 24.2 个百分点。

送菜到家、直播购物、团购配送……疫情催生新的消费方式和习惯，持续推进国内大循环"提速"。上半年，广东省限额以上单位通过公共网络实现的零售额同比增长 20.2%，增幅比一季度提高 1.1 个百分点，占广东省限额以上单位商品零售的 27.8%。

在广州，线上教育课程、互联网生活平台等新经济业态发展迅速，今年 1—5 月，广州互联网和相关服务业增长 19.6%，信息传输、软件和信息技术服务业占规模以上服务业的比重已超过三成。

稳投资，渐成"大循环"的"压舱石"和"定盘星"

广东省统计局相关负责人表示，广东上半年固定资产投资同比增长 0.1%，增幅比一季度回升 15.4 个百分点。

今年 6 月，广东省政府发布《关于支持汕头华侨经济文化合作试验区高质量发展的若干意见》，一批新的重大项目将在试验区聚集。

汕头市政府相关负责人说，今年是汕头经济特区建立 40 周年，汕头安排市级重点项目 301 个，年度投资计划超过 1000 亿元，项目数量、年度计划均创历史新高。

一些业界专家认为，广东不断夯实基础研究，也为国内大循环持续打造未来新优势。深圳市科创委副主任钟海说，深圳正布局鹏城云脑Ⅱ拓展型项目等重大创新基础设施，当地科技创新也将进入源头创新持续突破、产业创新不断提升"双轮驱动"新阶段。

民企反弹有增量有信心，畅通"双循环"经济有韧性

广东是改革开放的前沿地带，市场经济、民营企业十分活跃。疫情影响之下，不少民企韧劲十足，或改革创新提升效率、或转型防疫物资生产、或开拓新市场新客户，"背水一战"中迸发出强大的发展动能，持续形成国内国际双循环相互促进的发展局面。

格力电器董事长董明珠说，疫情一发生，格力的健康研究院就开始着手研究可以大幅杀灭新冠病毒的空气净化器，历经2个月研发完成，"产品已经出口40多个国家，销售额上亿元"。

数据显示，上半年广东完成货物进出口总额3.06万亿元，降幅比一季度收窄4.7个百分点，6月进出口总额增速回到正增长区间。民营企业上半年进出口1.68万亿元，增长0.6%，占广东外贸总值的54.8%，占比较去年同期提升4.2个百分点。

拓展"双循环"新增量，一些民企持续跑出"加速度"

深圳兆驰股份有限公司从事互联网电视、智能家居研发制造，外销占比近40%。公司TV事业部总经理何胜斌说，在畅通外贸企业转内销举措支持下，公司及时调整了今年的产品销售结构，"内销收入同比增长超过110%，有效抵消了海外市场需求不振造成的不利影响。"

面对国内医疗物资短缺状况，格力电器公司转换部分生产线，投身医疗装备研发。2月10日起，格力陆续复工，加紧生产温度计、口罩生产设备、护目镜、杀病毒空气净化器等防疫产品。目前，除武汉公司以外，格力电器基本复产，员工复工率达到90%以上。图为2020年3月19日，工人在医疗器械模具零件生产线上作业。（新华社记者　卢烨　摄）

广东民企有韧性，经济运行有弹性，市场复苏有信心

上半年，广东民间投资降幅比一季度收窄12.7个百分点，在深圳，民间投资高度活跃、增长4.4%。"很多企业正在跃跃欲试，"中国（深圳）综合开发研究院副院长曲建认为，社会投资信心逐渐恢复，为下一阶段广东经济发展奠定基础。

双循环的持续畅通，坚持深化改革、扩大开放，也为外资企业带来信心和机遇

2020年4月22日，总投资100亿美元的埃克森美孚惠州乙烯项目，在广东惠州大亚湾石化区开工。这是继湛江巴斯夫精细化工一体化项目之后，广东又一个百亿美元级外商独资重大石化项目。

"我们希望利用先进技术生产可持续的高性能产品，积极参与到中国制造业中，满足客户不断增长的需求。"埃克森美孚（中国）投资有限公司董事长万立帆说。

"双区"驱动紧抓机遇，串珠成链协调发展

粤港澳大湾区，一个世界级城市群正在崛起

香港青年陈升越来越忙了。5年前，他从香港来到深圳前海，创办了解决物流配送"最后一公里"的进口零食电商平台。创业项目经营发展顺利，但周边香港青年来深创业有时遇到困难，令已熟悉环境的陈升感觉"需要做点什么"。

"我现在将更多时间用于帮助香港青年来深创业'牵线搭桥'，目前已引进200多个港资企业和创业团队。"陈升说，引进的团队中软件类占约35%，工程硬件类大概22%，"过去一年，生物科技类项目有上升的趋势，软件类则向物联网靠拢。"

在不少专家看来，随着人才、资金、机构等创新要素的加速交汇、流动、融合，粤港澳大湾区正汇聚起强大的科创能量，朝着建设具有全球影响力的国际科技创新中心不断前行。

"创新的关键是人才，让粤港澳三地的人才流动起来，就能激发出巨大的动力。"香港中文大学教授汤晓鸥说。

目前，广东省正加快研究编制《（2020—2022年）广东省推进"广州—深圳—香港—澳门"科技创新走廊建设行动方案》。

中国（深圳）综合开发研究院常务副院长郭万达等专家认为，尽管面临新冠肺炎疫情的冲击和严峻复杂的国内外经济形

势，在粤港澳大湾区和深圳先行示范区"双区"驱动重大历史机遇下，广东经济发展潜力大、底气足，正以"双循环"的新发展格局，奋力夺取疫情防控和经济社会发展"双胜利"。

进一步释放"双区"驱动动能的同时，广东推动"一核一带一区"在各自赛道赛龙夺锦。

在"一核"的珠三角核心区，深中通道等重大基建项目推进建设，促进珠江东西岸要素、资源加速流通；

在"一带"的广东沿海经济带，总投资达 400 亿元的茂名烷烃资源综合利用项目今年正式开工，新兴产业拓展布局正形成广

作为粤港澳大湾区建设的标杆工程，横琴口岸集设施"硬联通"和制度"软联通"于一体，采用"合作查验、一次放行"的新型通关查验模式，使粤澳通关从"两地两检"变成"一地两检"，从"中间摆渡""两上两下"变成最快 5 秒通关，粤澳日通行能力从 75 万人次提升到 90 万人次，大大提升通关效率，改善通关体验。图为 2020 年 8 月 18 日，旅客在横琴口岸澳门口岸区自拍。（新华社记者　张金加　摄）

东经济新的增长极；

在"一区"的北部生态发展区，韶关将农业农村短板变为"潜力板"，走出精致农业发展之路……

统计部门数据显示，今年上半年，珠三角、沿海经济带东翼、西翼和北部生态发展区的经济增速比一季度分别收窄 5 个、3.3 个、3.7 个和 5.4 个百分点。

"伴随着'一核一带一区'建设，广东逐步打造区域紧密协作的发展链条，形成优势互补、合作共赢的区域产业分工新格局。"广东省委党校教授陈鸿宇说。

（《新华每日电讯》2020 年 8 月 8 日

新华每日电讯记者　徐金鹏、孙飞）

畅通 "双循环"

——中国外向型城市的内生性发展

在深圳市兆驰股份有限公司，装货区一派繁忙的景象，叉车司机常要加班加点。这家从事互联网电视、智能家居、LED 全产业链制造和服务的大型高新技术企业，外销占比近 40%。

"疫情来袭，海外销售压力加大，但我们公司一季度营收不降反升。"兆驰 TV 事业部总经理何胜斌说，公司一季度内销收入同比涨幅逾 110%，出口转内销的货值达 2 亿多元人民币，有效抵消了海外需求不振带来的影响。

兆驰是中国外向型城市发力内生性发展的缩影。作为中国典型的三大对外贸易依存度较高的城市，深圳、东莞、苏州进出口总额占各自 GDP 的比重均超过 100%。这是城市开放的象征，但在疫情下却成为艰难的挑战。

面对订单减少、库存积压等困难，中国外贸企业攻坚克难，通过发力内销市场、转型升级创新、调整经营策略等，以强劲的内生动力参与国内大循环，畅通国内国际双循环。

在苏州工业园区，苏州旭创科技有限公司生产线满负荷运转，产品光模块的出口占比超过一半，上半年公司净利润同比增长 62%。公司相关负责人介绍，疫情下，大数据、5G 建设等互联网领域迎来大发展，公司研发与制造两手抓，能够及时满足用户的中高端需求，以实力保证了竞争力。

2020 年 7 月 30 日拍摄的苏州工业园区。(新华社记者 李博 摄)

长期以来，东莞市创明电池技术有限公司的国内外市场比例是四六分。受疫情影响，公司在国内单车、小家电等行业内发掘新客户，当前国内订单比例高达 9 成。有了新的增长点，公司预计第三季度销售收入同比将增长 100%。

相关数据显示，2020 年 1 至 5 月，东莞市规模以上工业内外销比例调整为 67.3 : 32.7，内销比重增加；苏州现在 60% 至 70% 的零部件能实现本地和国内自我垂直整合；上半年，深圳关区近 1500 家企业办理加工贸易内销业务，内销货值达 64.05 亿元。

东莞市商务局副局长黄朝东表示，2008 年金融危机东莞遭受重创，但此后东莞持续推动产业升级转型，产业结构发生明显变化，不少外贸企业从过去的"大进大出"转变为积极开拓内销市场，这成为此轮海外需求萎缩下企业坚挺的关键。

在广东财经大学流通经济研究所所长王先庆看来，随着社会经济水平的发展，中国的外贸功能和结构一直都在变化，疫情只是加速了这个进程。现在中国市场体系积极转变，将更好把握住外贸的自主控制权，国内国外市场的融合度也将上升到前所未有的高度。

注重创新依然是中国根植内生性发展的第一动力

位于东莞的广东金龙东创智能装备有限公司，凭借与清华大学联合设计的专业点胶设备，上半年收获订单达到 4.6 亿元，同比增长 50%。公司相关负责人说："疫情让我们清楚地认识到，越是艰难越要创新，只有练好内功才能更好抵御住风险。"

以数字经济创新赋能内外循环，拥有 51 年历史的江苏华佳丝绸股份有限公司今年成了"网红"。在面对复工延期、订单被退等问题时，公司成立专业电商团队，依托电商平台对市场需求重新定位，采取革新设计思路等举措，在天猫平台推出新品牌并一炮而红，其天猫旗舰店拥有了 76 万多粉丝。

天猫海外数据显示，2020 年 5—7 月，苏州的丝巾、丝质披肩类商品的成交金额同比增长 19%。据苏州市商务局调研，一半左右的苏州企业具有转型升级计划，并且绝大多数都选择通过产品自主研发与结构调整来转型。

业内人士普遍认为，外向型城市的内生性发展并非一蹴而就。出口转内销仍面临着准入门槛高、生产调整慢、营销成本大等重重困难。迈过这些坎，不仅考验着企业的革新经营能力，也考验着政府的治理能力。

暂免征收加工贸易货物内销缓税利息、内销选择性征收关税政策……各级政府扶持政策密集出台；"东莞制造"网络电商专区、

2017 年 5 月 20 日，在苏州盛泽镇江苏华佳丝绸有限公司，工人在车间进行络丝作业。（新华社记者 李响 摄）

苏州"企业超省月"专项服务、深圳跨境电商 B2B 业务试点……政府与商协会、电商平台一道，助力优势产业线上内销、转型升级。

疫情期间，国内市场对固态硬盘等电子配件需求旺盛。深圳市佰维存储科技股份有限公司将部分加工贸易渠道进口料件生产成品转向国内销售。今年一季度，该公司销售额 3.6 亿元，同比增长五成，其中加工贸易内销金额达到 6000 余万元，同比增长 2.5 倍。

公司首席执行官何瀚说，以加工贸易形式进口料件生产内销一年能为公司节约资金成本至少 1200 万元。海关手续的简化让企业既减缓资金压力，又能及时跟上市场变化，抓住机遇，两头受益。

（新华社广州 2020 年 8 月 13 日电

新华社记者　周强、丁乐、王丰）

外向型经济高地探路"双循环"

——开放大省江苏构筑新发展格局

新冠肺炎疫情冲击下,全球经济面临严峻挑战。外向型经济高地、开放大省江苏,上半年实现外贸进出口总额逾2万亿元,难中趋稳。

江苏提出,把新发展格局作为谋划下一步经济工作的大坐标,以省内循环为牵引,支撑国内循环、推动东亚循环、促进国际循环,夯实"稳"的根基、拓展"进"的态势。如今,新动能

2020年4月14日,一批外贸集装箱在江苏连云港港集装箱码头装船。
(新华社发　耿玉和　摄)

在"双循环"中奔涌，凸显江苏积极融入"双循环"新发展格局的"前哨"担当。

外贸难中趋稳　上半年进出口额超 2 万亿元

南京海关统计显示，江苏上半年实现外贸进出口总额20061.7 亿元，同比下降 2.8%，降幅较一季度收窄 6.6 个百分点。其中出口 12170.9 亿元，同比下降 5.6%，降幅较一季度收窄 9.3 个百分点；进口 7890.8 亿元，同比增长 1.9%，增速较一季度高 2.4 个百分点。

直面前所未有的困难挑战，江苏外贸难中趋稳、稳中提质，总体表现好于预期。回看今年以来江苏外贸总体走势，逐步回稳特征鲜明。江苏省商务厅相关负责人介绍，受新冠肺炎疫情影响，进出口单月波动较大，但自 3 月以来，降幅明显收窄。

今年上半年，江苏纺织服装出口总体下行，特别是服装出口深跌。江苏省商务厅数据显示，当前防疫物资带动的纺织品出口正逐步趋缓，海外需求有所恢复，企业新签服装订单有所增加，各企业正千方百计抢订单、抢市场、保客户。

2020 上半年被监测的 37 座重要城市经济数据显示，有 17 座城市外贸依存度超过 50%。其中，占全国外贸比重约 7% 的苏州市，上半年实现进出口总额 10101.4 亿元，同比下降 3.5%。苏州市上半年外贸依存度达 111.6%，列全国第二。自 4 月"负转正"以来，苏州外贸回升态势持续巩固。

知识链接

外贸依存度是一国的经济依赖于对外贸易的程度。其定量表现是一国进、出口贸易总额与其国内生产总值之比。外贸依存度不仅表明一国经济依赖于对外贸易的程度，还可以在一定程度上反映一国的经济发展水平以及参与国际经济的程度。

企稳，来之不易。苏州在新冠肺炎疫情和中美经贸摩擦双重挑战下，稳住外贸基本盘，推进高水平对外开放，传递出的是政企共克时艰、经济韧劲十足的鲜明信号。

昆山吉纳尔运动器材有限公司生产车间内，工人们忙碌地穿辐条、装车架、安车座，一辆辆崭新的自行车快速下线。"4月以来，出口订单量同比增长近30%。"公司总经理葛雷介绍，疫情改变出行方式，带来订单激增。企业开足马力，日产自行车1.1万辆，即便如此，生产计划也已排到年底。

看似水到渠成，实则久久为功。"上半年产量同比增长15%，单靠4月产量，就能把疫情损失补回来。"在群光电子（苏州）有限公司副总经理王惠凯看来，除疫情催生居家办公、拉动笔记本电脑出口增长外，企业的笔记本键盘、摄像头、电源适配器等产品市场占有率连年位居全球前列的硬核实力功不可没。

开新局、育新机需要底气与实力支撑。苏州市商务局有关负责人说，苏州外贸的主体虽是加工贸易，但并非传统的"两头在外"。通过多年转型升级、强链补链，苏州60%至70%的零部件实现本地和国内自我垂直整合。在疫情导致海外供给侧和需求侧萎缩的重压下，苏州产业链完善的优势愈加明显。

发展以"新"谋胜　培育新动能激发新活力

从"两个市场、两种资源"到双循环相互嵌入、相互促进的新发展格局演进，江苏千方百计在危中寻机、稳中求进，聚力以"新"谋胜，转型发展步伐加快。

——"云"上相会，外贸企业"买全球、卖全球"。40多名外贸员经过专门培训后化身"主播"，在镜头前"全天候"向全球客户介绍产品特性、解答高频问题——这是南京敖广集团"直播间"里的一幕。敖广集团品牌中心总监茆国泳说，直播大大提升了疫情下交流的便利，也帮助企业获得了实实在在的订单。

徐州海兰特桑拿设备有限公司副总经理李颜廷说，疫情下，不少原本主要通过线下门店销售的国外代理商开始转向线上销售。"代理商找到了新渠道，也带来我们订单量的回升，5、6月的销售额已经恢复到去年同期水平。"

——变"订单经济"为"需求经济"。从以往来什么订单做什么产品，到如今主动发掘市场需求，疫情期间，江苏外贸企业把传统的"订单经济"转变为"需求经济"，为短期复苏和长远发展打下坚实基础，昆山吉纳尔运动器材有限公司销售额逆势增长即是一例。

业内人士认为，由于遭遇疫情，海外消费者的需求结构产生了剧烈变化，原本的畅销品可能变为库存，原本的"冷板凳"产品却可能一跃而成爆款。"等订单"式的生意模式已经无法适应市场变化，"按需生产"成为破局之道。

——打好"健康牌""宅家牌"，疫情催生新需求带动新增长。统计显示，由于疫情影响，今年以来，江苏省防疫物资、"宅

196

经济"产品出口增长较快。上半年，包括口罩在内的纺织品出口 861.3 亿元，同比增长 10.6%；医药材及药品出口 110.8 亿元，增长 6.9%。"宅经济"消费提升拉动笔记本电脑、手机分别出口 711.7 亿元、368.7 亿元，同比增长 2.8% 和 16.8%。

宅生活催生"宅经济"，江苏一面拓展国际市场新客源，一面挖掘国内市场新需求。"一场美妆直播，刚上架的 500 份眉笔就被一抢而空。""今年'口罩装''半面妆'悄然走红，带动眉笔和眼线笔等产品销量创新高，上半年仅彩妆类产品销售额就超过 1000 万元，预计今年全年公司销售额将超过 1 亿元。"常州市童话网络科技有限公司负责人朱云峰说。

江苏省宿迁市宿豫区筑梦小镇"筑梦市集"是当地夜经济的"新名片"，汇聚当地特色小吃、文创产品等，定期举办音乐节、夜读会等活动，成为当地市民休闲、购物的"打卡地"。图为 2020 年 9 月 11 日拍摄的宿迁市宿豫区筑梦小镇"筑梦市集"。（新华社记者 季春鹏 摄）

——加速建设海外仓，助力稳外贸强信心。在政府引导下，疫情前江苏外贸企业在境外市场建设了不少海外仓，企业可以将销量好的出口商品提前发送至国外仓库，实现本地销售、本地配送。7月1日凌晨，宝时得科技（中国）有限公司300台吸尘器按"跨境电商出口海外仓"贸易方式在苏州工业园区海关申报成功，这也是江苏首单跨境电商出口海外仓业务。

位于淮安市的江苏威特电子商务有限公司从事居家日用品设计、制造、销售和服务，2014年在美国设立海外仓，为亚马逊等平台客户提供服务，2019年跨境电商销售3.98亿元。近期，该公司709箱拖鞋通过"跨境电商出口海外仓"模式出口，公司总经理崔立权说，地处内陆的淮安，从此有了更便利、高效的"卖全球"新通道。

释放政策效应　握指成拳共克时艰

非常时期，稳住外贸基本盘须有非常之举。今年以来，江苏各级党委政府高度关注并积极回应外贸企业诉求，加大扶持促进力度，动员组织各方力量与外贸企业共克时艰。

前不久，江苏省政府出台意见，提出落实国家对外开放政策、强化外商投资促进和服务、提高外商投资便利化程度、保护外商投资合法权益、提高利用外资质量效益等五方面23条政策措施。明确将省级能够下放的经济社会管理权限依法下放给自贸试验区，鼓励自贸试验区在法定权限内制定外商投资促进政策，推动国家各项开放政策在自贸试验区先行先试。

海关总署7月1日起开展跨境电商B2B出口监管试点。跨境电商B2B出口监管，是指境内企业借助跨境电商平台与境外企业达成交易后，通过跨境物流将货物直接出口送达境外企业，包括"跨境电商 B2B 直接出口"和"跨境电商出口海外仓"等模式。

南京锦盛合供应链有限公司几乎每天都有商品通过跨境电商平台销往国外。企业负责人杨磊介绍，7 月以来，公司通过"跨境电商 B2B 直接出口"模式出口了室内拖鞋、夹克、花洒等货物，货值超 50 万元。"我们出口的商品，种类多、单量大、单票货值低，跨境电商 B2B 模式，节省了申报时间。"

统计显示，试点首月，江苏跨境电商 B2B 出口 1291 万元，主要货物为智能割草机、人造草坪、吸尘器、床垫、家居用品等，出口至瑞典、德国、美国、日本等地，推动外贸促稳提质。江苏省商务厅外贸处相关负责人表示，江苏现有 10 个国家级跨境电商综试区，已认定 14 个省级公共海外仓，并利用海外仓充分备货，开辟了扩大出口新渠道。

立足"双循环"，寻找"芯"机遇。数据显示，2020 年上半年，江苏集成电路产业销售收入 871.29 亿元，同比增长 35%。江苏历来是我国集成电路产业规模第一大省，南京、苏州、无锡等集成电路产业带建设进一步加快。得益于相关政策加持、"掌上物流"等服务升级，作为集成电路产业重镇的无锡市，上半年出口集成电路产值达 282.1 亿元。

面广量大的中小微外贸企业，是江苏外贸阵营的有生力量，但抗御市场风浪能力相对较弱。7 月 1 日，江苏省出台"苏贸贷"升级版，进一步降低利息率、提高容忍度、扩大覆盖面。江苏省商务厅统计，截至 5 月 31 日，"苏贸贷"融资业务累计放款 1155 户，放款金额 68.04 亿元。

走进位于宿迁市沭阳县潼阳镇的江苏袋王工贸有限公司，生产车间内机声隆隆，生产线上，工人们正忙着赶制准备销往海外的编织袋。"我们原本春节后开工的计划推迟了，但各级政府出台政策，加大援企力度，解决了我们不少难题。"公司负责人王茂和说，沭阳县人民政府金融工作办公室积极协调银行，帮助公司解决了 100 万元资金缺口从而渡过难关。

在危机中育新机，于变局中开新局。江苏正以全面眼光把握总体态势、以辩证眼光把握危中之机、以长远眼光把握发展大势，持续聚力"六稳""六保"，培育新动能、厚植新优势、激发新活力，构筑"双循环"新发展格局，推动经济发展乘风破浪、行稳致远。

（《经济参考报》2020 年 8 月 31 日电

记者　赵久龙、刘巍巍）

"新经济"重塑广州城市未来格局

珠江流淌不息，广州因时而变。面对新冠肺炎疫情和经济复杂形势，作为国际商贸中心，广州正畅通新流量、打造新区域、拓展新动能，通过积蓄"新经济"能量，重塑未来发展格局。

新流量：畅通国内国际双循环

8月底，一列从广州大朗出发、载有210吨货物的中欧班列，运行15天，经内蒙古抵达俄罗斯，这标志着广州中欧班列再次开辟新线路。

作为承载货物转移的重要载体之一，截至今年8月初，广州中欧班列新开辟4条新国际线路。上半年，广州海关监管中欧班列发运标箱2870个，同比增长44.08%；货重14442吨，同比增长63.43%。

坚持开放合作，今年以来广州与东盟的贸易蓬勃发展。据统计，上半年广州与东盟进出口额达684亿元，同比增长21.7%。

源源货流畅通内外，熙攘人流释放潜能。广州会展业恢复，人流重新回归，助力形成以国内大循环为主体的发展格局。

广州市商务局会展促进处处长罗政介绍，7月初至8月25日，广州琶洲地区各展馆举办展会50多场，展览总面积约150万平方米，参展、参观人数累计近100万人次。琶洲地区各酒店的入住率从上半年的不足20%到7月份大幅提升，多数酒店超过80%。

消费动力也在提升。随着夜间消费节、直播节和汽车消费惠民补贴等系列措施实施，广州市社会消费品零售总额自4月以来连续3个月环比上升。

物流和人流外，今年以来广州数据流活跃，带动数字经济逆势上扬。1至5月，广州软件和信息技术服务业营业收入同比增长7%。总部位于广州市天河区的网易、阿里巴巴旗下UC等数字经济企业上半年营收同比增长超过20%。

"随着5G产业加快发展，广州数字经济发展将提速，引导传统服务业加快转型升级，进而实现信息通信业高质量发展与服务业全产业链数字化。"广州市统计局副局长冯俊说。

新区域：重塑城市空间

珠江南岸的海珠区琶洲，塔吊运转、机器轰鸣，数万名工人挥汗如雨。

"几十年来，我第一次遇到这么高密度、大体量的项目建设。"华润建筑有限公司小米互联网产业园项目安全主任孙立睿说。

琶洲管委会副主任余丽慧介绍，小米、腾讯、阿里巴巴、唯品会等数字经济企业进驻，唯品会公司总部大厦已于7月竣工交付，阿里巴巴等项目预计今年年底竣工交付。三年后，琶洲西区在建产业项目将基本建成。

江畔"明珠"，还有南沙科学城。这里位于广州最南端，但把视角切换到粤港澳大湾区，这里则处于地理几何中心。

南沙区常务副区长谢明说："从中科院院所的引进，再到香港科技大学、中国科学院大学的落户，聚焦海洋、空天、能源、环境、信息等领域，这里旨在成为大湾区科学中心主要承载区，构建'全球合作创新网络'。"

相较于海珠区琶洲和南沙科学城的蓄势待飞，广州黄埔区的中新广州知识城在今年 6 月迎来 10 岁生日。从 8 平方公里的阡陌桑田扩容蝶变为 178 平方公里的知识经济新高地，这里上半年 GDP 同比增长 16.2%。

黄埔区区长陈勇表示，中新广州知识城二期启动建设，将重点打造世界级生物医药园、集成电路园和新一代信息技术园。

"这里将会成为创新的主引擎、产业的主阵地、投资的主战场。"黄埔区发展和改革局局长顾晓斌说。

目前，广州重点打造"一区三城"的发展格局，以琶洲为核心的广州人工智能与数字经济试验区加快建设，中新广州知识城、广州科学城、南沙科学城将重塑城市未来空间。

新动能：拓宽未来格局

加速动能转换，广州守正创新。除了继续巩固传统的汽车、石化、电子信息制造三大支柱优势产业，广州大力发展以新一代信息技术、人工智能、生物医药为主导的"IAB 产业"，上半年这些产业产值同比增长 2.5%，成为重要发展引擎。

今年以来，以国家通用软硬件（广州）适配测试中心为龙头，统信软件、麒麟软件两大国产操作系统领军企业以及龙芯中科、飞腾信息等硬件企业落户广州人工智能与数字经济试验区鱼珠片区，实现了信息技术应用创新产业的集群发展。

在主要孵化人工智能和信息技术企业的南沙香江独角兽牧场内，平均每 7 天有一场云计算、物联网、大数据等技术进阶培训或咨询，平均每 15 天就有一场投融资对接会。

香江独角兽牧场首席执行官冯建林说:"我们这里现有 100 多家在孵企业,总估值 500 亿元,将立志打造更多人工智能'独角兽'企业。"

栽得梧桐树,引得凤凰来。随着多名院士带着创业项目落户,广州正打造中国生物医药产业高地。光是广州国际生物岛上,就有 200 多家生物医药企业聚集发展。

行棋观大势,落子谋全篇。千年商都广州的未来充满想象空间。

广州市委主要负责人表示,广州将紧抓新的发展机遇,锚定转型升级不松懈,将疫情的冲击和影响逆转为促进经济转型升级的新动能,实现经济高质量可持续发展。

（新华社广州 2020 年 8 月 31 日电

新华社记者　徐金鹏、马晓澄、丁乐）

中国改革全面系统升级
构建新发展格局"关键一招"

　　初秋的夜晚，天津市和平区金街步行街，100 多家外贸企业的展位整齐排列，电商直播同步进行，1000 多种外贸商品在此出口转内销。

　　"家居服是我们这次的主打产品，活动开始两个多小时就卖了 40 多套。"多年经营纺织品外贸的参展商刘欣说，"这个活动帮我们打开了内销渠道，也为我们提供了转内销的学习平台和展

中国商务部组织的"外贸优品汇　扮靓步行街"出口产品转内销活动在天津金街步行街举行的场景。（新华社记者　栗雅婷　摄）

示机会。"

中国商务部组织的"外贸优品汇　扮靓步行街"出口产品转内销活动在天津、哈尔滨、深圳、杭州、重庆、西安等地举行。看似简单的出口转内销，背后涉及税收监管、质量标准衔接、知识产权保障等一系列改革与创新，而相关政策已陆续出台。

这是中国推动更深层次改革，构建新发展格局的一个生动实践

9月初召开的中央全面深化改革委员会第十五次会议，根据中国自身发展阶段、环境、条件变化作出战略决策，提出加快形成以国内大循环为主体、国内国际双循环相互促进的新发展格局，并强调要继续用足用好改革这个关键一招。

"构建新发展格局是一个脱胎换骨的过程，需要中国全面系统地升级改革举措。"中国国际经济交流中心首席研究员张燕生说。

改革开放初期，为实现从计划体制向市场体制转轨、融入全球价值链，中国以低成本劳动力、土地、低标准环境开展加工贸易和招商引资，参与国际大循环，换取改革开放和发展的"加速度"。当前，国际逆全球化趋势明显，国内劳动力、土地成本不再低廉，环保要求日益提升，旧的模式已经不能适应中国发展需要。

2013年11月召开的中共十八届三中全会，以完善和发展中国特色社会主义制度，推进国家治理体系和治理能力现代化为总目标，围绕经济体制、政治体制、文化体制、社会体制、生态文明体制和党的建设制度，创造性地提出了336项重大改革举措，揭开了全面深化改革的大幕。

此后，聚焦改革框架和发展中遇到的新问题，召开了40次

中央深改领导小组会议、15 次中央深改委会议。中共十八届三中全会以来的改革擘画正在进一步展开，中国全面深化改革，"系统性"早已架构，"深层次"正在探路。

政务环境变得清廉、顺畅。反腐工作重拳出击，把权力关进制度的笼子，党和国家机构改革大刀阔斧，通过职能调整优化，解决了 60 多项长期存在的部门职责交叉、关系不顺事项。

社会环境变得公平、有序。司法体制改革努力让人民群众在每一个司法案件中感受到公平正义；党建引领基层社会治理让百姓有了主心骨；教育、医疗、养老改革让百姓更有尊严。

营商环境变得简单、高效。在设立一年的广西自贸试验区，自治区政府分两批下放了 162 项行政权力事项，全面推进"证照分离"改革全覆盖试点，降低市场制度性交易成本，一年新设企业 10561 家……七年来，中国"放管服"改革正在让市场在资源配置中起决定性作用。

生态环境变得清新、优美。在首都之东、渤海之滨，天津划出 736 平方公里的绿色生态屏障区，约相当于两个天津中心城区的面积，为子孙后代留下发展的"绿色空间"……七年来，中国"大气十条""水十条""土十条"相继实施，正在用绿水青山换来金山银山。

中央党校（国家行政学院）经济学部副主任王小广在一项研究中指出，与以往改革的各个击破不同，过去七年来的全面深化改革突出了系统性和集成性，各领域间的改革相互牵动、密切配合、亮点频出，为构建新发展格局打下了坚实改革基础。

中共十八届三中全会以来，中国的全面深化改革已经在重要领域和关键环节改革上取得决定性成果，但还有不少"硬骨头"

需要去啃，例如建立统一大市场问题、再分配问题等，这些都需要在更大的空间中去通盘考虑。

"中央提出构建新发展格局，就是要进一步打通改革的淤点堵点，通过畅通国内大循环和国内国际双循环，解决尚未解决的更深层次难题。"王小广说。

在国内外环境发生深刻复杂变化的大背景下，中国正在擘画"十四五"时期以及未来更长时期的发展，对改革的全面系统升级提出了更为迫切的要求。

如何让百姓手中可支配收入更多，如何让资金更多流入实体经济领域，如何拓宽企业融资渠道等，都需要在财税、金融等领域的改革进一步深入，这也是畅通国内大循环的必要之举。

自贸试验区是中国改革开放的试验田。日前，国务院有关方案公布，北京、湖南、安徽自由贸易试验区正式亮相，浙江自由贸易试验区区域进一步扩展。

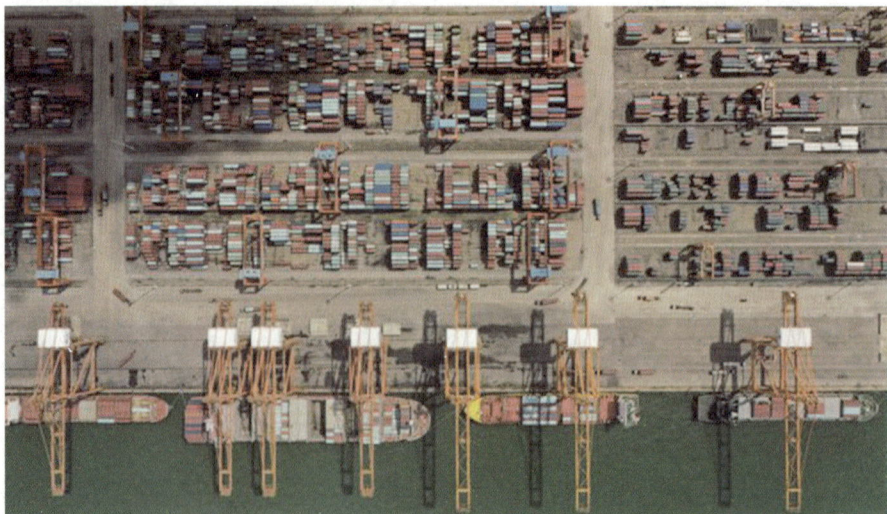

中国（广西）自由贸易试验区钦州港片区集装箱码头。（新华社记者张爱林 摄）

七年多来，自贸试验区累计形成 260 项制度创新成果向全国或特定区域复制推广，此次自贸试验区扩容至 21 个，不仅是数量和区域上的突破扩展，更是高水平对外开放的提速扩容，为加快形成新发展格局探索路径、积累经验。

中国已经在迈向新发展格局的路上。张燕生说，全面系统升级的更深层次改革必将作为"关键一招"，为新发展格局的构建提供强大动力。

（新华社北京 2020 年 9 月 24 日电

新华社记者　李鲲、潘强、杨丁淼）

东西"两大扇面"，强化"四大功能"

——新发展格局下的"上海布局"

新时代的上海，新的发展力量不断孕育、拔节、生长，宏大布局徐徐展开：向东看，直面广袤太平洋，上海自贸区和上海自贸区临港新片区热力升腾；向西看，辐射长三角、长江经济带和全国，虹桥国际开放枢纽和长三角生态绿色一体化发展示范区珠联璧合。

新发展格局下，上海正根据中央要求，以强化"四大功能"为战略着力点，勾勒一东一西两大"扇面"，全力构建国内大循环的中心节点和国内国际双循环的战略链接。

2020年8月17日，上海洋山港集装箱码头。（新华社记者 丁汀 摄）

210

东扇面：承接"四大功能"的重要载体

从百米高空俯瞰上海自贸区临港新片区，大型工程机械不间断施工，新的工厂车间拔地而起，来往穿梭的集卡通过洋山港发往世界各地——挂牌一年多来，临港吸引投资逾 2700 亿元。这片热土，每天都在呈现新的模样。

从表面看，这里似乎是一个开发区的现场。但实际上，新片区远远不止是一个"开发区"，它不仅有新气象，更有新内涵、新功能。

今年上半年，在上海超级工厂的支撑下，特斯拉电动汽车在华销售收入同比上涨 56.6%。耀眼的数据之下，还有更多的细节值得探寻：据不完全统计，已有数十家供应商围绕特斯拉在新片区集聚，涵盖安全系统、车规级半导体、内外饰件等各个环节。特斯拉公开发布的信息显示，预计 2020 年底会实现 80% 的零部件本土化。

这意味着，特斯拉带来的不止是一个电动汽车生产工厂，更是一整条新能源汽车产业链。不止是"大规模"，更是"强功能"。

着眼全国发展大局，中央对上海提出强化"四大功能"（全球资源配置、科技创新策源、高端产业引领、开放枢纽门户）的要求。临港，正是承接"四大功能"的重要载体。上海市委书记李强表示，对上海而言，功能是超越数量和规模，甚至高于质量和效益的特质。

做强功能，既要战略谋划，更要落实落地。瞄准产业链"卡脖子"环节，临港新片区除了布局集成电路、人工智能和生物医药大项目，还在加快建设一批大平台：上海交通大学弗劳恩霍夫协会智能制造项目中心、同济大学工业 4.0 学习工厂，等等。以平台为依托，需求为导向，使得基础研究更加高效。

西扇面：一体化发展的国家试验田

上海向西，吴越之地。在小桥流水的江南古镇，碧水烟波的"蓝色珠链"湖畔，一场静水深流的制度革新正在推进。

上海是国际金融中心。云集在上海的大量资金，如何更顺畅地用到苏浙皖等长三角区域去？2019 年 11 月挂牌的长三角生态绿色一体化发展示范区开展了突破性的试验。

"鼓励一体化示范区范围内的金融机构，打破区域界限，提供同城化的对公、对私金融结算服务，取消跨域收费""支持符合条件的金融机构试点设立一体化示范区管理总部或分支机构，进一步降低资金流动成本"……金融是经济血脉，示范区"同城化"的金融服务创新，打破了行政区划壁垒，打通了区域创新经络。

像这样的一体化制度创新，长三角一体化示范区挂牌以来已经推进了 32 项，涵盖规划管理、生态保护、要素流动、财税分享等 8 个方面。

"示范区不是传统的造城思路，也不是过去的开发区模式，而是一体化发展的国家试验田。"长三角一体化示范区执委会副主任张忠伟说，要通过行政壁垒的"破界"，推动要素自由流动、提升资源配置效率。

示范区的功能，从工作人员的组成上可以管窥一斑。记者和示范区执委会政策法规组交流发现：组长楼戬来自浙江，副组长禹潇、陆文表则分别来自上海、江苏。两省一市的"聪明大脑"

聚在一起，操着同样的"长三角语言"，为示范区"高颜值""最江南""创新核"的目标而奋斗。

东西两翼齐飞，对内对外兼具

今年以来，经济全球化遭遇"逆流"干扰，全球要素自由流动面临"断流"风险，国际科技合作遭遇"寒流"冲击。中央要求上海强化"四大功能"，蕴含着重大的战略意义。

今年年中召开的上海市委常委会会议提出，上海要努力成为国内大循环的中心节点和国内国际双循环的战略链接。"强节点""强链接"，由此成为上海强化"四大功能"的具体抓手。

东西两翼齐飞，对内对外兼具，上海着力勾勒的"两大扇面"，和"强节点""强链接"正在产生积极的共振效应。

临港新片区近日与地平线（上海）人工智能技术有限公司签约，投资近30亿元的车载AI芯片全球研发中心正式入驻。过去一年，临港吸引的集成电路投资额占上海全市60%以上，一条从芯片设计、制造、封装测试到装备材料的产业链逐步成型。

探索数据跨境流动、谋划设立国际金融资产交易平台……临港的未来，还有无限的可能。临港新片区管委会党组书记朱芝松说，临港将进一步强化全球资源配置功能，统筹在岸业务和离岸业务，支持更多企业"走出去"和"引进来"，在双循环发展中争当"枢纽节点"。

长三角一体化示范区亦是磁力十足。投资过百亿元的华为青浦研发中心项目即将全面开工，长三角智慧医院加速推进，人才资格互认办法近日宣告落地。

总部位于上海的交通银行，已经成立长三角一体化管理总部。行长刘珺说，截至今年上半年，交行长三角地区的贷款余额占全行贷款总额的三分之一。未来交行将重点强化长三角"同城化"、自贸区新片区等服务功能建设，由上海带动长三角、由长三角推向全国、由国内辐射国际，促进金融要素在更大范围内高效配置。

百年未有之大变局下，全球格局加速重构。肩负中央赋予的重要战略任务，上海正在牢牢依托"两个扇面"，做实"节点"和"链接"，做强"四大功能"，更好地实现人民城市的卓越追求及远大前程。

（《新华每日电讯》2020 年 9 月 24 日

记者 何欣荣）

双循环背景下，厦门向何处去？

　　置身于厦门"特区·1980"湖里创意产业园，随处可见各种老工厂和老式录音机、黑胶唱片等老物件。复古的独特气质，让这里成为游客打卡、剧组取景的网红地标。

　　这块小小的 2.5 平方公里土地，正是厦门经济特区的发祥之地。1981 年 10 月 15 日，湖里的一声炮响，宣告厦门经济特区建设拉开帷幕。

　　目前，"特区·1980"湖里创意产业园已形成联发东南天地、联发华美空间、联发文创口岸、海峡设计文创园等 7 个相对成熟的主题园区。截至 2020 年 7 月，创意产业园实现营收约 14.8 亿元，引进企业 615 家。图为2020 年 9 月 2 日，人们在厦门市湖里区联发华美空间文创园的台阶上休息。（新华社记者　姜克红　摄）

特区创立之初，厦门就鼓励国外投资者来特区兴办"三资"企业，在全国率先利用外资修建机场、成立首家中外合资银行，发展外资经济和混合型经济。一批外资企业纷纷落地，厦门由此形成了特区创办初期外引内联的良好开局。

1985年，国务院批准厦门经济特区扩大到全岛。此后，中央又相继批准设立海沧、杏林、集美三个台商投资区和象屿保税区以及深化两岸交流合作的综合配套改革试验区。2010年中央批准厦门经济特区扩大到全市。一系列政策叠加，厦门形成了全方位、多层次的对外开放格局。

厦庇五洲客，门纳万顷涛。40年间，厦门始终以开放包容的胸怀、开拓进取的气魄，日益成为境外资本的重要聚集地、对外贸易的重要口岸和对外交流的重要窗口。

如今，厦门发挥放大经济特区、21世纪海上丝绸之路（以下简称"海丝"）核心区、自由贸易试验区等多区协同效应，以更高站位、更宽视野探路更高水平开放型经济新体制。

多区叠加　聚合赋能

以改革为使命，以开放为动力，主动融入国家发展大局、在关键节点抢抓机遇谋划战略格局，这是厦门经济特区自成立以来便始终坚持的发展逻辑。

党的十八大以来，"海丝"核心区、自由贸易试验区、首个国家生态文明试验区等一系列"国家任务书"相继落地福建。与国家发展战略同频共振，厦门经济特区迎来了新的开放发展良机。

将一个个政策红利转化为生动实践，厦门持续在重点领域和关键环节攻坚突破，改革新招实招频出。

厦门自贸片区管委会，办事大厅人来人往。国际贸易"单一窗口"建设、商事登记"一照一码"改革、设立国际商事仲裁院……自 2015 年挂牌以来，这里累计推出创新举措 422 项，共有 30 项厦门经验获全国推广。

大刀阔斧的改革，让厦门营商环境迅速提升。2015 年率先启动国际一流营商环境建设以来，厦门的营商环境从相当于全球经济体第 61 位水平提升至 2019 年的第 25 位，位列国家发改委营商环境评价第一梯队。

"厦门自贸片区，就是厦门新一轮改革开放的先行区、示范区。"厦门自贸片区管委会党工委书记、常务副主任熊衍良说，厦门自贸片区创新推出了一批可复制可推广的经验，成为厦门开放发展的靓丽名片。

依托自贸试验区制度创新，厦门积极进军一向被国外垄断的航空维修业。目前，已有太古飞机、新科宇航等十多家航空维修企业落户，厦门已占到国内航空维修产业产值的 1/4。

融入国家全新的对外开放格局，厦门视野愈加广阔。2018 年以来，以"丝路海运"命名的航线合作平台在厦门启动运营。至今，厦门港始发的"丝路海运"命名航线达 51 条，成立了"丝路海运"联盟，吸纳了全球近 170 家港航、物流、贸易等知名企业成为联盟会员。

跨陆连海，"海丝"与丝绸之路经济带（以下简称"陆丝"）在厦门携手。厦门将多种运输方式有效结合，支持"丝路海运"班轮与闽台海空航线、中欧（厦门）班列对接，成为全国唯一实现"海丝"和"陆丝"无缝对接的城市。

瞄准高精尖

近日，美亚柏科公司发布 2020 年上半年发展"成绩单"。经历了 2019 年被列入美国商务部实体清单，美亚柏科逆势增长，上半年净利润同比增长 176.44%，其中新兴业务板块大数据智能化半年业绩增长了 40.34%。其自主研发的"取证大师"分析工具获全球 30 多个国家安全部门使用，得到国内外用户普遍好评。

这家国内电子数据取证行业的领军企业所在的厦门火炬高新区，仅占厦门面积的 2%，却贡献了全市 43% 的工业产值。火炬高新区的鲜明特色，折射出厦门在"多区协同"中发挥长项，因地制宜调整产业布局的高质量发展思路。

相比全国其他副省级城市，厦门经济体量偏小，地域空间狭小。"紧盯产业链和价值链高端，走'小而精'的精细化发展之路，是厦门的不二之选。"厦门市发改委主任张志红说。

精，是指产业布局的高精尖。改革开放之初，电子、机械、轻工曾是厦门的支柱产业。厦门有取有舍，主动放弃粗放型产业，在转型发展中重塑产业格局。

截至 2020 年 7 月，落户厦门的国家级高新技术企业有 1928 家，占福建省 40% 左右，培育形成平板显示、软件信息、航运物流等 8 条规模超过千亿元的产业链。

"以高技术、高成长、高附加值为特征的'三高'企业是厦门高质量发展的澎湃动力。"张志红说，厦门将一方面引进优质增量，一方面做优做强存量，持续培育和发展"三高"企业，双管齐下推动高质量发展。

新起点上新目标

目前，超过 100 个国家和地区的外商在厦门投资创业，外资企业贡献了约 70% 的工业产值、60% 的经济增长和 40% 的进出口额。站在经济特区 40 年发展的历史新起点，厦门在思考：如何找准发展新方位、新目标？如何让开放之路越走越宽？

今年以来，疫情在全球范围蔓延，世界经济形势发生深刻变化，我国沿海城市外向型经济面临新挑战。尤其是在以国内大循环为主体、国内国际双循环相互促进的新发展格局下，土地资源稀缺、外向型经济特征突出的厦门，如何突破？

"危中寻机，推动开放型经济发展。"福建省委副书记、厦门市委书记胡昌升说，今年以来，厦门统筹推进疫情防控和经济社会发展。面对各种因素带来的巨大供需压力，持续打通产业链、供应链，通过稳住外贸外资来推进更高水平对外开放。

今年前 7 个月，厦门实际使用外资 454 亿元，增幅居全国各城市前列。外贸依存度高达 107% 的厦门，经济运行仍呈现持续回稳、稳中向好的态势。

"如果说经济特区过去一定程度依靠政策红利，今天则更需要通过深化改革、持续开放释放发展活力。"厦门大学经济学院教授周颖刚说，开放包容是厦门发展的软实力。目前厦门企业已在全球 70 多个国家和地区投资 1328 个项目，协议投资总额 153.3 亿美元。面向未来，中国企业对外投资已进入加速发展阶段，厦门应更积极发挥作为走出去的门户作用。

"高质量共建'一带一路'，稳住外贸外资基本盘，这些都为新形势下厦门利用外资、建设更高水平开放型经济新体制提供了方向。"福建师范大学经济学院院长黄茂兴建议，抓住全球疫情防控倒逼之机，持续发挥"多区叠加"政策优势，不断促动"多区协同"效应发力，拓展对外开放广度、深度，增强优质生产要素集中集聚能力，提升厦门核心竞争力。

（《瞭望》2020 年 10 月 10 日

记者　庞梦、董建国）

企业如何在新格局中发现机遇

应对变局　开拓新局

——从"经济更加发展"品味我们的小康生活

全面建成小康社会，是实现中华民族伟大复兴中国梦的关键一步。

习近平总书记在党的十九大报告中指出，到建党一百年时建成经济更加发展、民主更加健全、科教更加进步、文化更加繁荣、社会更加和谐、人民生活更加殷实的小康社会。

经济总量接近 100 万亿元大关，人均 GDP 跨上 1 万美元台阶，脱贫攻坚战取得决定性进展……紧紧扭住创新、协调、绿色、开放、共享的新发展理念，中国经济巨轮在高质量发展的航道上，劈波斩浪，行稳致远。

实力大幅跃升

6 月 21 日上午，东方电气集团东方电机有限公司研制的金沙江白鹤滩水电站左岸 1 号机转轮——全球首台百万千瓦水电机组的"心脏"吊装成功，将世界水电带入"百万单机时代"。

"1994 年修建三峡工程前，我国还不具备制造 35 万千瓦以上水电机组的能力。短短 20 多年，我们在水电装备领域实现了从跟跑到领跑的飞跃。"东方电机总经理助理赵永智说。

这家创建于"二五"时期、成长于三线建设的中央企业，在 60 多年发展中，将自主创新融入基因，不断啃下重大装备国产化的"硬骨头"，路越走越宽。

2019 年 6 月 26 日在四川省宁南县拍摄的由东方电气集团东方电机有限公司研发制造的百万千瓦水轮发电机组。白鹤滩水电站位于四川省宁南县和云南省巧家县交界处的金沙江干流下游河段上，是全球在建装机规模最大水电站。（新华社记者 薛玉斌 摄）

千磨万击还坚劲，任尔东西南北风。千千万万这样的中国企业，汇聚成无惧风雨的中国经济大海，为全面建成小康社会夯实基础。

世界大变局加速演变，正处在转变发展方式、优化经济结构、转换增长动力攻关期的中国经济，结构性、体制性、周期性问题相互交织。以习近平同志为核心的党中央适应把握引领大势，作出我国经济已由高速增长阶段转向高质量发展阶段的重大判断，指引中国经济闯关夺隘、跨越关口。

农田里，传感器实时监测气象数据，插秧、收割、打捆全程机械化作业；监控室内，电子屏幕显示地块情况、生产数据；半空中，无人机喷洒植保药物；高空中，借助"吉林一号"卫星遥感数据，田地病害情况一览无余……

以水稻种植闻名的吉林省吉林市大荒地村，"村企共建"成为村民步入小康生活的"金钥匙"。土地集中流转、集约经营，现代化农业生产设施入驻田间地头，农民成了"产业工人"，既挣工资，又拿分红。"村民每人平均年收入 2.4 万元，每户年均收入接近 10 万元。"大荒地村党委组织委员王晶说。

2020 年 8 月 13 日，在吉林市昌邑区大荒地村，工作人员在东福米业现代农业信息化监视指控中心通过监控系统查看稻田情况。（新华社记者　许畅　摄）

2016 年至 2019 年，我国经济实现每年 6% 以上的中高速增长；服务业增加值占 GDP 比重超过一半，农业现代化进展明显，工业化和信息化融合发展水平进一步提高，先进制造业和战略性新兴产业加快发展，新产业新业态不断成长；2019 年末，高铁营业总里程超过 3.5 万公里，民用汽车保有量达 26150 万辆……

"我国经济总量迈上新台阶，产业发展和基础设施不断完善，综合国力继续增强，国际影响力持续扩大。"国家统计局副局长盛来运说。

活力持续迸发

从初创企业成长为年营业额 58 亿元、产品进入 70 多个国家和地区的智能可穿戴领域领军企业，华米科技用了 6 年。

华米科技副总裁章晓军说，公司在合肥设立全球创新中心和人工智能研究院，并在北京、深圳、上海、南京、美国硅谷等地设立研发机构及分公司，广纳全球顶尖人才资源攻关核心技术。

"2019 全球创新指数"排名升至第 14 位，发明专利申请量位居世界首位，研发经费投入强度连续 6 年超过 2%……转型升级的中国经济，犹如滚石上山、爬坡过坎。创新，是翻越关口的强大动力。

产业链低端、产品附加值低……大连长之琳科技发展有限公司曾是一家利润微薄的加工配套企业，总经理夏健钧最头疼的就是大客户年年要求降价。

产品降价与成本上升的双重挤压倒逼企业转型。经过多年探索，这家民企凭借研发的航空卡箍拿下专利，如今已在国内航空

"中国声谷"位于安徽合肥，是我国首家定位于语音和人工智能领域的国家级产业基地。截至目前，"中国声谷"入园企业超过 600 家，培育和引进了科大讯飞、华米科技、国盾量子、科大国创、中科寒武纪等企业。图为 2020 年 12 月 9 日，参观者在"中国声谷"体验中心体验一款 VR 设备。（新华社发 黄博涵 摄）

零部件领域站稳脚跟。

"创新是企业的核心竞争力。"从代工厂转型为科技型企业，夏健钧深有感触。

创新之泉持续奔涌，靠的是以改革"清障"，让上亿市场主体活力充分释放。

全面建成小康社会收官之年，遭遇新冠肺炎疫情，我国发展面临前所未有的挑战。

构建更加完善的要素市场化配置体制机制、推进西部大开发形成新格局、加快完善社会主义市场经济体制、推动海南自由贸

世界知识产权组织：
2019年中国国际专利申请量全球第一

根据世界知识产权组织（产权组织）当地时间4月7日发表的新闻公报

中国	58990件
美国	57840件
日本	52660件
德国	19353件
韩国	19085件

2019年中国超过美国成为该组织《专利合作条约》（PCT）框架下国际专利申请量最多的国家

1999年该组织收到中国提交的专利申请为 276件 20年间增长了200倍

新华社发（朱禹制图）

易港建设、外资准入负面清单再缩减……近期，一系列重磅改革开放举措密集出台，频率之高、分量之重，彰显依靠改革应对变局、开拓新局的坚定决心。

发展协调性不断增强

走进河北辛集电商直播基地，企业主播在直播间与粉丝互动，展示产品。

"入驻以来，订单量每天增长。基地提供硬件、服务、场地，还有专业培训团队，只要好好做，一定行！"宏四海皮革有限公司销售总监、设计总监梁厦说。

疫情下，订货减少、出口困难、展会取消，辛集的皮革制衣企业不少盼头落了空。电商直播打开老皮匠们的新思路，不少企业转向开发高端春夏服装，养"粉丝"、去库存、上新品，开启销售新模式。

"企业由原来的单打独斗转变为抱团发力，将分散的设计人才、产品生产、销售渠道资源进行整合，有助于加快形成产业集群。"辛集经济开发区招商合作局局长刘恒波说。

2020年6月5日，河北省辛集市一家服装生产企业的主播在利用直播平台推介服装。（新华社记者　牟宇　摄）今年以来，为帮助企业打破销售瓶颈，拓展更大的发展空间，河北省辛集市启动大型电商直播基地建设项目，按照"政府引导、企业运作、第三方平台支持"的发展模式，为当地企业提供专业直播销售和培训服务，推动线上销售产业发展。

2020年，已经过半。当前，全国上下统筹做好疫情防控和经济社会发展工作，坚决落实"六稳""六保"任务，凝心聚力，跑好全面建成小康社会最后一程。

7月1日，三一集团与重庆两江新区签署合作协议，打造百亿元级智能制造基地；吉利集团签约落户两江新区，建设高端新能源整车项目、吉利工业互联网总部和数字化工厂。此前，京东方宣布将分别斥资 60 亿元和 48 亿元，在成都高新区和两江新区分别建设智慧系统创新中心……

传统招商活动难以开展，成渝两地创新工作方式，"线上 + 线下"相结合，成渝地区双城经济圈释放强大吸引力加快地区复苏步伐。

形成世界最大中等收入群体，消费对经济增长贡献率接近 60%，常住人口城镇化率突破 60%，区域协调发展新格局加快形成，对外开放深度广度不断提高，三大攻坚战取得关键进展……

发展空间不断拓展、潜力加快释放，为培育形成以国内大循环为主体、国内国际双循环相互促进的新发展格局奠定良好基础。

5 月底，大众汽车集团接连与国轩高科股份有限公司和安徽江淮汽车集团控股有限公司签署战略协议，加码中国新能源汽车市场。

大众汽车集团（中国）CEO 冯思翰说，除了对两家企业超过 20 亿欧元的投资外，大众今年在中国还有 40 亿欧元投资计划。"中国新能源汽车市场将经历一个繁荣发展期，我们充满信心。"冯思翰说。

（新华社北京 2020 年 7 月 5 日电

新华社记者　安蓓、何宗渝、徐扬）

墙内开花里外香
一家外贸企业的"双循环"转变

　　疫情来袭，外贸企业如何渡过难关？天津市一家自行车外贸企业开始向国内国际"双循环"之路转变。

　　天津市武清区是我国重要的自行车生产集散地。这里有家颇受资深骑行爱好者青睐的"单车生活体验馆"——百客屋，它承载了天津金轮自行车集团有限公司转战内销市场的决心。

　　创立于 1987 年的天津金轮自行车集团有限公司，是我国自行车行业的龙头企业。企业年产 8 万辆电动自行车、200 万辆自行

天津金轮自行车集团有限公司的"单车生活体验馆"——百客屋。（新华社发　2019 年 3 月 17 日摄）

车，出口全球 120 多个国家和地区，在欧美市场占据一席之地。

金轮集团自 2000 年起深耕海外市场，但国际市场的风云变幻让集团总经理杨玉峰意识到，"外贸依存度过高，把鸡蛋都放到一个篮子里，对企业的生存发展来说有一定风险。"转向国内并不是挤占市场，而是重在培育新市场，百客屋便是一个新尝试。

在百客屋 1000 多平方米的体验馆内，摆放着 9 个国内外品牌的 100 多辆自行车，图腾、爱轮德等品牌一一亮相。自行车旁边是一间排列各类工具和零件的小车间，可维修保养市面上各类高档自行车。此外，体验馆还有咖啡厅、浴室等。

"对自行车来说，这是一家 4S 店；对骑手来说，这是一个俱乐部；对企业来说，这是一场小型车展；对同行来说，这是展示骑行文化的新方式。"百客屋工作人员邱晗环视一圈，语气颇为自豪。

2020 年 7 月 28 日，天津金轮自行车集团有限公司的生产车间。（新华社发）

百客屋成立两年多来，车友会、订货会、技术培训会、新品发布等活动已开展几十场，带动年销售额突破 300 万元。

此外，上半年国内市场童车需求大增，企业多年库存一扫而空。"我们估计是上半年游乐场关闭，家长选择童车作为孩子锻炼和娱乐的工具。"金轮集团营销总监李珍昆说。

日前，金轮集团上半年数据出炉，国内销售额达到 3000 多万元，几乎是去年全年国内销售额的 2 倍。

"这虽然在企业大盘子中不算什么，但对开拓国内市场来说，是很好的开始。"杨玉峰说。

墙内开花里外香，在国内市场稳健发展的同时，企业积极寻变，借助新模式、新技术，危中取机，稳住了自己的外贸盘。

疫情让人们更加重视个人出行，近几个月欧洲多个国家出台自行车补贴政策，这让海外自行车市场逐渐恢复。金轮集团在捷克的工厂正逐步恢复正常，计划在 8 月上市的智能调节助力、跌倒警告自行车也将如期与海外消费者见面。不久前，捷克工厂又与客户新签订 10 万辆自行车订单。

外贸逐步好转起来。企业二季度外贸数据基本转正，6 月甚至出现大幅增长。1 月至 6 月金轮集团出口额 12 亿元，与去年同期持平。

"颠覆想象，才能开创新的世界。"杨玉峰说，借助 5G、物联网等技术，未来的智能自行车可以感应到拐弯处有车驶来，自动降低车速或停车。"无论在哪个市场，企业只有持续不断地进行科技创新，不断满足市场需求，才能站稳脚跟，不被市场淘汰。"

（新华社天津 2020 年 7 月 30 日电

新华社记者 王井怀、张宇琪）

创新开放　江淮为未来跨越积聚动能

新冠肺炎疫情成为 2020 年全球飞出的一只"黑天鹅"，给正在经历转型调整的全球汽车行业带来了更大挑战，让每一位身处汽车行业的人都感到阵阵寒意，全球主要车企纷纷折戟，业绩大幅下滑。令人欣喜的是，江淮汽车一手抓疫情防控、一手抓复工复产，表现稳健，整体表现好于国内行业平均水平。在 2020 年 1—6 月全国汽车销量同比分别下降 16.9% 的市场情况下，江淮汽车实现了降幅低于行业 5.9 个百分点的好成绩，降幅自 4 月以来持续收窄，在为数寥寥的上半年销量目标完成率达 40% 的国

2020 年 5 月 26 日，工人在江淮汽车新港基地轻卡生产区内忙碌。当日，在位于安徽省合肥市肥西县经济开发区的江淮汽车新港基地轻卡生产区内，工人在做好疫情防控的同时加紧生产。（新华社记者 刘军喜 摄）

内车企中占据一席。2020 年 7 月，江淮汽车实现销量 3.68 万辆，同比增长 33.6%，连续四个月实现同比正增长，展现出强劲的发展态势。

江淮汽车在这场大冲击中表现出来的强大韧性，得益于其沉着应对，坚持技术创新、深化开放合作、结构调整见效。这样的稳健为下半年稳步实现高质量发展，也为未来实现超越积蓄了力量。

江淮人认识到，面对复杂多变的国际局势，汽车行业不仅要坚持用辩证、长远的方法来分析当前形势，更要努力育新机、开新局。江淮人牢记，"一定要把关键核心技术掌握在自己的手里，我们要立这个志向，把民族汽车品牌搞上去。" 江淮决心坚持技术创新，加快关键核心技术攻关，提高产业链供应链稳定性和竞争力，提高民族品牌的生存能力和发展能力。

创新实干 技术跨越蓄动能

汽车行业本身是一个高技术集成行业。处于转型调整期的汽车业，更要抢抓新一轮科技和产业革命新机遇，完成产业转型升级。作为中国汽车品牌的中坚力量，江淮汽车坚持创新实干，制造水平实现了跨越式发展，为实现更强劲的可持续发展积蓄了强大势能。

在疫情防控常态化的情况下，江淮汽车长期坚持技术创新取得了成效，上半年江淮汽车的新能源智能网联汽车、健康汽车等都广受市场青睐。

近年来，江淮汽车每年研发投入都达到年收入的 3%–5%，持续提升企业核心竞争力，在节能减排技术、新能源技术、智能网联技术、轻量化技术等方面不断突破，为用户打造出更为"节能、环保、安全、智能、网联、舒适"的产品。今年上半年，公司新增发明专利242件。截至目前，江淮汽车共拥有汽车发明专利2764件，位居中国汽车企业前列。

新能源汽车今年上半年虽受到行业大势和疫情等因素的影响，但江淮在此领域也实现了较快发展。

发力智能电动汽车，推动了江淮的转型升级。经过九代技术、四代产品积累的江淮新能源，已系统掌握电池成组、电机、电控三大核心技术，以及能量回收、驱动与制动电耦合等关键技术，形成国际先进、国内领先的纯电技术平台。

2020年1月16日，在奥地利维也纳，人们在江淮汽车展台参观。当日，维也纳车展在维也纳展览中心开幕，来自全球约40个品牌的330辆新车参与展览。其中，中国品牌江淮汽车吸引了不少观众的关注。据江淮汽车当地经销商介绍，江淮汽车从2019年起进入奥地利市场，在售产品全部为电动汽车。（新华社记者 郭晨 摄）

上半年上市的高能纯电轿跑 iC5 是江淮汽车新能源车进化之作，这一车型搭载了最新成果蜂窝电池，通过外延包覆的 UE 技术，可做到电芯单体之间电隔离和热隔离，有效避免因电池失效导致的车辆起火。除了 iC5，今年上半年，江淮乘用车不断丰富产品矩阵，还实现了嘉悦 X7、嘉悦 X4 等产品投放市场，满足不同的市场需求，整体规模效益积极向好。在 7 月成都车展上，新款中大型 SUV 江淮 X8 正式亮相，下半年上市后将有望进一步丰富江淮乘用车 3.0 时代的产品线，促进乘用车销量的持续好转。

江淮汽车在健康安全领域的持续发力也得到了市场的丰厚回报。疫情使消费者更加看重汽车的健康安全属性。实际上，江淮汽车早在 2016 年便建立 J-Health 技术品牌，严选环保内饰材料，不断提升车内空气质量管控水平。如今为了给消费者更美好的体验，江淮又升级了健康技术品牌。今年 6 月，掀背式运动轿车嘉悦 A5 被中国汽车技术研究中心认证为 5A 级"CN95 智慧健康座舱"，满足车规级 N95 过滤效果，具有主动、无死角广谱动态消毒杀菌效果，让用户得到贴心的健康守护。

从细分品种看，江淮汽车货车表现稳健、乘用车持续回暖。上半年货车销量 13.5 万辆，同比增长 3.5%。其中，轻型货车累计销售 10.2 万辆，与去年同期基本持平；中型货车累计销售 5701 辆，同比增长 11.1%；重型货车累计销售 2.7 万辆，同比增长 24.2%，表现亮眼。

品牌向上　打造开放新模式

自主创新绝对不是封闭的创新，更大的开放合作，才能带来更好的自主创新。在坚持创新驱动发展的同时，对标世界一流企业，才能完善和提高企业自我定位，进一步实现品牌向上，向真正意义上的全球型企业发展。

近年来，江淮汽车坚持跨界融合，全面推动转型升级，持续优化国际国内两个市场，协调两种资源，实现更加强劲可持续的发展，江淮汽车在深化开放合作方面动作不断。

2020年5月29日，大众汽车集团（中国）和安徽省国资委以及江淮汽车签署协议，大众汽车将投资10亿欧元，获得江淮汽车母公司江淮集团50%的股份，同时增持电动汽车合资企业江淮大众的股份至75%，获得合资公司管理权。根据江淮、大众签署的协议，大众承诺将授予江淮大众4—5个大众集团品牌产品，且预计到2025年/2029年，生产规模将达到20—25万辆/35—40万辆。

江淮与大众在电气化平台、电气技术的后续协同将进一步助力江淮实现"2025年新能源车型占比30%"的发展规划。双方还将在电动化、互联互通、共享出行、自动驾驶、智慧出行领域加强合作，力争走在行业前列，引领新时代移动出行的发展。

江淮汽车与大众集团宣布加深合作，探索深化大型国企混改新模式，成为2020年上半年汽车行业高度关注的一件大事，江淮成为第一个吃"新合资""新混改""新智造"螃蟹的自主品牌。江淮和大众打破了传统的合资合作模式，紧扣中国新能源汽车技术路线图，共创全新的、国际化的新能源汽车品牌，将大幅提升品牌知名度，实现品牌向上的目标。

此外，江淮汽车与蔚来汽车创新合作，是江淮汽车实现国产品牌高端梦的重要一步，同样也是车企开展"互联网＋智造"合作较为成功的案例。刚刚过去的 7 月，江淮蔚来迎来第 50000 台整车量产下线。两年时间，从 1 到 50000，江淮和蔚来一起创造了行业新速度，受到越来越多用户的青睐，得到市场的认可。

近年来，江淮汽车牢牢把握消费升级和市场年轻化新趋势，主动拥抱互联网，着力提升互联网思维能力，加快转型升级。高端制造、高端产品、高端品牌，江淮汽车与蔚来汽车一起创新性地开创了汽车产业合作发展的新模式。

拥抱变革，破局未来，江淮用更开放融合的心态在竞争激烈的市场里不断向前。

面向未来　夯实基础迎挑战

"十三五"期间，江淮着力构建高端、高质的现代化产业体系和开放型的经济新体制，汽车制造实力连上新台阶，智能科技的力量正在逐渐注入江淮汽车的发展过程中间。在不断夯实制造实力的基础上，江淮汽车正不断突破发展边界，打开中国智造新天地。

"十四五"时期，面对全球变局，江淮人将努力让"双循环"成为高质量发展的新方向，继续全力打造民族汽车品牌。江淮汽车集团将坚持做强做大商用车，做精做优乘用车，大力发展新能源汽车和智能网联汽车技术，通过坚持技术创新、坚持品牌向上、加速数字化转型和深化开放合作等举措来推动企业转型升级发展。江淮将强化汽车服务业务，完善产业生态链，牢牢抓住产业升级与消费升级的重大战略机遇，深入推进四个转变，即推动企业由竞争导向向客户导向转变，由技术导向向价值导向转变，由制造导向向营销导向转变，由销售导向向服务导向转变。

在涉足的每一个业务领域，江淮汽车都有其明确目标：

在新能源汽车方面，自 2002 年涉足这一领域研发以来，江淮汽车的新能源业务已经覆盖乘用车、轻型商用车、多功能商用车、客车等产品，未来江淮将构建全新专用平台，开发与应用高水准的无人驾驶技术，并推出高续航产品。

在商用车方面，在有优势的轻卡领域，江淮已正式迈入轻卡4.0 时代，未来还将紧跟消费升级、高端制造潮流，以推动品牌向上为方向，全力扩大规模，推动智能化、网联化技术的搭载应用。

在乘用车方面，江淮将继续坚持有技术、有质量、有特色的

2016 年 1 月 9 日，由安徽江淮汽车股份有限公司生产的 350 台汽车在江苏连云港港码头装船出口巴西。（新华社发 王春 摄）

发展道路，提高新能源的占比，为用户提供极致的感知体验，提升品牌形象。江淮汽车计划 2025 年新能源汽车占产销量的 30% 以上。

过去的每一步，都是江淮面向未来的基础。江淮汽车正准备随时按下未来发展的快进键。

（《经济参考报》2020 年 8 月 28 日

记者 周武英）

为新发展格局添动能

——访国家电网有限公司董事长、党组书记毛伟明

当前，世界百年未有之大变局加速演进，国内改革发展稳定任务艰巨繁重。企业如何做好"六稳"工作、落实"六保"任务？如何把握机遇、迎难而上？

做好"六稳""六保"工作是对冲疫情影响的有力抓手

"做好'六稳'工作、落实'六保'任务，是对冲疫情影响、应对外部压力、化解风险的有力抓手。"毛伟明说，国家电网全力做好保供电、稳就业、补短板等工作，以实际行动践行"人民电业为人民"的企业宗旨。

保供电——疫情防控关键时期，集中资源力量，全系统日均投入 10 万人，创造了三天三夜为雷神山医院通电、五天五夜为火神山医院通电、37 小时为武汉最大方舱医院通电的国网速度；累计出台 5 批 42 项措施支持疫情防控及供电服务保障。

稳就业——主动采取扩招稳就业措施，今年提供就业岗位4.62 万个，同比增长 40%，并优先考虑高校毕业生、贫困地区劳动力等重点群体。

补短板——实施百日攻坚，全面完成经营区域"三区三州"、抵边村寨等电网建设任务，惠及 198 个贫困县 1777 万居民。

国家电网青海省电力公司数据显示，截至 6 月 30 日，青海电网累计外送电量 106.9 亿千瓦时，同比增长 32%，突破 100 亿千瓦时。其中，清洁能源外送电量 102.3 亿千瓦时，同比增长 41.8%。图为 2020 年 7 月 8 日，在青海省海南藏族自治州共和县，大唐青海公司新能源分公司两名工作人员在光伏电站内巡检。（新华社记者　张宏祥　摄）

我国正推动形成以国内大循环为主体、国内国际双循环相互促进的新发展格局。毛伟明表示，构建新发展格局，为企业准确把握时代大势提供了遵循，为全面激发动能活力指明了方向。

毛伟明举例说，9 月份刚刚完成全面升级改造的国家电网合肥始信路"多站融合"示范站，原来是个公交换电站，按照数字新基建的发展方向，以信息基础设施、融合基础设施、创新基础设施为重点，集合光伏电站、储能站、电动汽车充电站、换电站、数据中心等功能，建成国内首座"七站合一"充换电站。

"这是国家电网加快能源领域数字基础设施建设，带动产业链上下游企业共同发展，以数字技术为传统业务赋能，培育新业态、激发新动能的典型案例。"毛伟明说，国家电网将充分发挥基础保障、创新引领、产业带动作用，为经济发展积蓄力量。

把确保电网安全运行和可靠供电作为重中之重

"国家电网作为能源电力行业的国有骨干企业，把确保电网安全运行和可靠供电作为重中之重，加快电力基础设施建设，补短板、锻长板，不断满足人民美好生活用电需求。"毛伟明说。

电网是关系民生的基础设施。毛伟明表示，国家电网大力实施电网建设提升工程，全力打造安全可靠、绿色智能、互联互通的现代化电网，服务经济社会发展，为构建新发展格局提供持续动能。

国家电网将聚焦特高压、充电桩、数字新基建等领域，预计"十四五"期间，电网及相关产业投资将超过6万亿元规模。

毛伟明表示，国家电网坚决贯彻执行国家降电价政策，预计今年全年减免电费约926亿元，降低社会用能成本，助力工商业企业渡过难关；持续优化电力营商环境，出台了全面提升"获得电力"服务水平9项举措，提高办电效率和服务水平，3年将累计为企业节省投资超1000亿元；出台支持5G发展的10项服务保障措施，激发我国内需潜力。

同时，国家电网将多措并举促进清洁能源发展，确保全年水电、风电、太阳能发电利用率达到95%以上；进一步优化能源消费结构，充分挖掘电能替代潜力。

用创新打造未来发展新优势

企业是技术创新的主体。毛伟明表示，国家电网实施创新驱动发展战略,在特高压、智能电网等领域取得了一批世界级创新成果。

"前不久,我们召开了全公司近10万人参加的科技创新大会,全面实施'新跨越行动计划',目的是要下好创新发展先手棋,传承创新基因,实现更大跨越。"毛伟明说。

毛伟明表示,国家电网将聚焦国家战略需要,把握新一轮科技革命和产业变革机遇,持续加大科技研发投入力度,瞄准关键核心技术,全力攻克"卡脖子"环节,确保我国电力产业链供应链安全稳定;充分调动科研人员积极性,加强高端科技人才培养,打通创新链、产业链、人才链、资金链、价值链。

同时,国家电网将重点在电力系统基础理论、运行控制技术等重点领域,创造更多"从0到1"的原创成果。加强人工智能、区块链等技术应用,积极推进电网向能源互联网转型升级,打造未来发展新优势。

（新华社北京2020年10月9日电

新华社记者 刘羊旸）

高举"红旗"逆市上扬

——专访中国第一汽车集团有限公司董事长徐留平

今年以来，受疫情影响，汽车市场不确定因素增多，但中国一汽产销量却实现逆势上扬，尤其是红旗、解放等自主品牌逐步驶入发展快车道。

民族品牌焕新机　自主创新是核心

"'80后''90后'在红旗研产销体系中挑起大梁，年轻人更懂年轻人需求，红旗车受欢迎也得益于此。"徐留平说，红旗品牌已成功建立数字化工厂运营模式，实现了数字联通智慧物流、数字驱动质量卓越、数字融合业务协同三大闭环。

红旗轿车，自诞生之日起就承载着国人的骄傲与梦想。1958年8月1日，新中国第一辆高级轿车"红旗"试制成功，首批红旗CA72轿车参加了1959年国庆十周年庆典，从此一路见证新中国荣光。

依旧是民族情，更具时代感。和半个世纪之前备受"仰望"不同，如今的红旗轿车也已成为越来越多家庭用车之选，还受到越来越多年轻人青睐。

2018年，红旗品牌实现销量3.3万辆，同比增长624%。2019年，红旗品牌销量突破10万辆，同比增长203%。2020年1至9月，红旗品牌销售超过13万辆，同比增长104%。

图为20世纪50年代拍摄的第一批红旗轿车生产线。(资料照片 新华社发)

2020年9月1日拍摄的一汽－大众长春基地总装车间。(新华社记者 张楠 摄)中国第一汽车集团有限公司发布的最新数据显示,该公司前三季度销售整车2656744辆,同比增长8%。

"红旗品牌不仅有民族情怀，更有科技新元素和品质保障。"徐留平表示，新发布的 H9 等红旗高端车型颇受国人喜欢，今年红旗有望完成 20 万辆销售大关，同比增长约 100%。

"科学谋划是基础，自主创新是核心。"徐留平坦言，加速掌控核心技术是重中之重。一汽围绕体验化、电动化、智能网联化、共享化、生态化等发展方向，通过自主创新、高端人才引进、深度战略合作和联合开发，为红旗品牌注入强大技术生命力。

近年来，一汽加强企业"双创"探索与实践，建立自主双创平台，为 10 万余名红旗创客提供从创意到项目转化落地的完整链条服务；启动创建长春市红旗产学研创新联盟，发起设立红旗创新基金，与华为、阿里、腾讯等企业建立 29 家协同创新实验室，双创氛围日益浓厚。

2019 年 4 月 9 日，一汽红旗职工在总装车间内对生产的红旗轿车进行静检作业。（新华社记者 许畅 摄）

据徐留平介绍，目前，一汽已在新能源 "三电" 系统集成技术及控制软硬件技术、电机电池热管理技术、全新百兆以太网总线技术等 20 项核心技术领域实现突破，并应用在红旗系列车型上。

改革为创新铺路　托起汽车强国梦

半个多世纪以来，一汽人攻坚克难，红旗品牌成长壮大。

产品少、质量不过硬、关键核心技术积累不足、新兴领域人才招聘难、体系大而不强……曾经，这些问题长期制约着一汽自主品牌大踏步前行。

"改革势在必行，中国一汽要承担起'汽车强国梦'的重大责任，必须要直面问题，直击痛点，大胆改革，快速行动。" 徐留平说。

徐留平提出，以人为本是改革的核心。一汽深化内部改革，进行大幅度机构重组，大范围人事调整，全方位品牌重塑。

据介绍，一汽遵循市场化、公平公开公正原则，开展干部能上能下、薪酬能高能低、人员能进能出、机构能增能减的 "四能" 改革，目前已初步达到增强动力、传递压力、提高能力等目标，全面激发了组织和员工活力。

同时，一汽还实施了 "全体起立，全员竞聘" 的举措，新组建一大批直接对接市场的部门，以聚焦用户、聚焦产品、聚焦员工为原则，加速构建逻辑清晰、内容创新、实时在线、管理先进的业务运营体系和管控监督体系。

此外，红旗品牌营销方面也进行了市场化改革探索，打造红旗 "圈层文化"，圈层代表人物遍及文化、艺术和体育等多领域，通过更加活泼、时尚、接地气的形式，展现红旗品牌崭新活力和魅力。

汇聚优势资源抓创新　打造全球品牌影响力

"努力到不能再努力，创新到不能再创新，全面加强自主创新和新兴业务，实现战略转型和高质量发展。"徐留平提出要着力打造精品、爆款。

中国首款50千瓦级乘用车燃料电池发动机点火成功、全新解放J7搭载L4级智能驾驶系统、红旗纯电动车E-HS3正式上市……

近年来，一汽聚焦新能源、智能网联、动力总成等领域，梳理出10项关键"卡脖子"技术，成立技术攻关团队，集中优势资源全力攻坚。

同时，针对销售和服务网点少的痛点，一汽建成200多家红旗体验中心，并推出终身免费保修等服务。

此外，一汽和吉林省启动共建智能网联"321"工程，建设基于智能交通的大数据平台，并完成吉林市、长春市公务车智能出行服务项目落地运营，加速推进长春市红旗新能源示范运营，探索"网约＋租赁""出行＋旅游"等新应用场景，打造智慧城市、智慧交通、智慧生活融合样板。

"在企业转型升级的道路上，一汽不断探寻适合自己的发展模式。"徐留平说，振兴红旗品牌是一汽的一号工程，也是企业发展的重中之重。红旗目标成为自主第一高端乘用车品牌，一汽着力打造全球品牌影响力，"唯有不断创新和汇聚优势资源，实现合作共赢，才能赢得未来汽车产业发展主动权。"

（新华社北京2020年10月10日电

新华社记者　高亢、张建、谢希瑶）

编后记

中共中央总书记、国家主席、中央军委主席习近平 2020 年 8 月 24 日下午在中南海主持召开经济社会领域专家座谈会并发表重要讲话。习近平强调，要以畅通国民经济循环为主构建新发展格局。推动形成以国内大循环为主体、国内国际双循环相互促进的新发展格局是根据我国发展阶段、环境、条件变化提出来的，是重塑我国国际合作和竞争新优势的战略抉择。

"明者因时而变，知者随事而制。"新发展格局的战略部署，既顺应时代潮流，又应对时代之变，具有鲜明的战略性、前瞻性、指导性。构建新发展格局，要全面把握加快形成新发展格局的重大意义、时代背景和丰富内涵。要深刻领会习近平总书记高瞻远瞩、统揽全局的战略视野，把新发展格局放在国内外发展大势中去把握，放在中华民族伟大复兴战略全局和世界百年未有之大变局中去考量。

新发展格局中的国内国际双循环是一个相互联系、不可偏废的整体，必须以辩证思维来理解和把握。在当前全球市场萎缩的外部环境下，我们必须充分发挥国内超大规模市场优势，通过繁荣国内经济、畅通国内大循环为我国经济发展增添动力，进而带动世界经济复苏。同时要看到，新发展格局决不是封闭的国内循环，而是开放的国内国际双循环。

新发展格局具有开放包容的特质。以国内大循环为主体，绝不是关起门来封闭运行，不能曲解为"经济内部循环""自给自足"。新发展格局的要义，是开放合作、互利共赢。要让开放的大门越开越大，进一步加强各领域互利合作，进一步优化营商环境，持续推进更高水平对外开放，推动建设开放型世界经济。

本书共分为三部分，第一部分主要向读者介绍了什么是"大循环""双循环"新发展格局，第二部分主要是专家学者对新发展格局的深度解读与具体实施建议，第三部分主要是地方与企业构建新发展格局的具体实践。通过增加"阅读指引""答疑解惑""知识链接"等小贴士对文章进行丰富与补充，图文并茂、通俗易懂，便于读者深入学习领会习近平总书记关于新发展格局的重要论述精神，准确把握构建"双循环"新发展格局的战略意义和深刻内涵。

《构建"双循环"新格局》编写组

2020 年 11 月